Pourboires

Les chiffres ci-après corre... exprimés en monnaie loca... à différentes prestations. ... pris, certains employés at... l'usage veut, de toute faç... payer.

Il est entendu que le pourboire demeure, avant tout, affaire d'appréciation personnelle et que la somme à laisser peut varier considérablement, en fonction de la catégorie de l'hôtel, de l'importance de la ville et de divers autres critères. En l'absence de règles bien précises, les chiffres ci-dessous font référence à des pourboires couramment appliqués dans des grandes villes pour des établissements de classe moyenne.

HÔTEL	
Service, note	inclus
Porteur, par bagage	50 pesetas
Chasseur	50 pesetas
Femme de chambre	100–200 pesetas (pour des extra)
Portier, pour appeler un taxi	50 pesetas
RESTAURANT	
Service, note	15% inclus
Garçon	10%, facultatif
Vestiaire	25–50 pesetas
Préposé(e) aux toilettes	25–50 pesetas
Chauffeur de taxi	10–15%
Coiffeur (dames)	10%
Coiffeur (hommes)	10%
Placeur (théâtre, corrida)	25–50 pesetas
Guide touristique	10%

MANUELS DE CONVERSATION BERLITZ

Des manuels de conversation qui ne contiennent pas seulement les mots et expressions indispensables pour vous faire comprendre, mais aussi une transcription phonétique, des renseignements utiles à votre séjour et des recommandations en matière de pourboires.

Allemand
Américain
Anglais
Espagnol
Grec

Italien
Portugais
Russe
Yougoslave
(serbo-croate)

CASSETTES DE CONVERSATION

La plupart des titres sus-mentionnés peuvent être obtenus avec une cassette, qui vous permettra de parfaire votre accent. Le tout accompagné d'un livret de 32 pages reproduisant le texte en deux langues enregistré sur cette bande.

BERLITZ

L'ESPAGNOL
POUR LE VOYAGE

Une publication des Guides Berlitz

Copyright © 1971, 1978 Guides Berlitz, Macmillan S.A.
Avenue d'Ouchy 61, 1000 Lausanne 6, Suisse

Tous droits, en particulier de reproduction, de diffusion et de traduction, réservés. Sans autorisation écrite de l'éditeur, il est interdit de reproduire cet ouvrage, même partiellement, d'en faire des copies ou de le retransmettre par quelque moyen que ce soit, électronique ou mécanique (photocopie, microfilm, enregistrement sonore ou visuel, banque de données ou tout autre système de reproduction ou de transmission).

Marque Berlitz déposée auprès d'U.S. Patent Office
et dans d'autres pays. – Marca Registrada.

Edition révisée
14e impression 1988

Printed in Hungary

Introduction

En préparant la révision de notre manuel *Espagnol pour le Voyage*, nous avons pris en considération un grand nombre de suggestions qui nous ont été adressées par nos lecteurs. Cette nouvelle édition comprend donc:

- toutes les phrases et le vocabulaire dont vous aurez besoin;
- une gamme étendue d'informations touristiques et pratiques, des conseils et des renseignements utiles;
- une révision complète du chapitre «Restaurant» qui vous permettra de vous faire comprendre plus aisément;
- la transcription phonétique des mots et des phrases, ceci tout au long du manuel;
- un système logique de présentation qui vous permettra de trouver la phrase nécessaire à chaque situation;
- des paragraphes encadrés tenant compte des réponses possibles de votre interlocuteur. Il vous suffira de lui montrer la phrase adéquate pour qu'il vous en indique la réponse de la même manière. Ce système s'est avéré très pratique dans certaines situations (médecin, réparations de voiture, etc.);
- un système de repérage instantané par couleurs. Les principaux chapitres figurent au verso du livre; vous trouverez un index complet à l'intérieur;
- un barème des pourboires en page 1 et un sommaire placé à la fin du livre.

Voici quelques-uns des avantages de ce manuel qui, en outre, vous permettra de vous familiariser avec la vie en Espagne.

Un chapitre très complet est consacré au restaurant. Vous y trouverez la traduction et parfois la description de presque tous les plats d'une carte. Le guide des achats vous permettra de désigner facilement tout ce que vous désirez.

Eprouvez-vous des difficultés avec votre automobile? Consultez le guide de la voiture et ses instructions détaillées en deux langues. Vous sentez-vous mal? Notre section médicale est unique en son genre; grâce à elle vous pourrez vous faire comprendre par le médecin en un clin d'œil.

Pour tirer le meilleur profit de *l'Espagnol pour le voyage*, commencez par le «Guide de prononciation», puis passez aux «Quelques expressions courantes». Ainsi, non seulement vous acquerrez un certain vocabulaire, mais vous apprendrez également à prononcer l'espagnol.

Nous tenons à remercier tout particulièrement Mlle Marie-Louise Guignard, M. Angel Alvarez ainsi que le Dr T.J.A. Bennett, auteur du système de transcription phonétique.

Par ailleurs, nous serions heureux de recevoir tout commentaire, toute critique ou suggestion que vous pourriez nous faire en vue d'améliorer les éditions suivantes.

Merci d'avance et bon voyage!

Tout au long de ce livre, les symboles dessinés ici indiquent de petits passages dans lesquels vous trouverez des phrases toutes faites que votre interlocuteur pourrait utiliser. Si vous ne le comprenez pas, donnez-lui le livre et laissez-le pointer la phrase désirée dans sa propre langue. La traduction française est juste à côté.

Mini-Grammaire

Voici une esquisse de la grammaire espagnole.

Articles

Il y a deux genres en espagnol: le masculin et le féminin.

1. **Article défini** (le, la, les):

	singulier		pluriel
masc.	**el tren**	le train	**los trenes**
fém.	**la casa**	la maison	**las casas**

2. **Article indéfini** (un, une, des):

masc.	**un lápiz**	un crayon	**unos lápices**
fém.	**una carta**	une lettre	**unas cartas**

Noms

1. Terminés par **o**, les noms sont masculins (sauf **mano**, la main); par **a**, ils sont en général féminins.
2. En règle générale, les noms terminés par une voyelle prennent un **s** au pluriel; terminés par une consonne, ils prennent **es**; ceux finissant par **z** forment leur pluriel en **ces**.
3. Pour marquer la possession, on emploie la préposition **de** ou **del**, contraction de **de** + **el**.

el libro del niño   le livre de l'enfant
las maletas de los viajeros les valises des voyageurs

Adjectifs

1. Les adjectifs s'accordent en genre et en nombre avec les noms. S'ils se terminent par **o** et **a**, ils prennent **s** au pluriel.

amarillo(a)   jaune   **amarillos(as)**

La plupart des adjectifs forment leur pluriel de la même manière que les noms, c'est-à-dire en ajoutant **s** à la voyelle finale ou **es** à la consonne finale.

un coche inglés une voiture anglaise
dos coches ingleses deux voitures anglaises

2. En règle générale, l'adjectif suit le nom.
3. L'adjectif possessif s'accorde avec le nom indiquant la chose possédée :

	sing.	plur.
mon, ma	**mi**	**mis**
ton, ta	**tu**	**tus**
son, sa	**su**	**sus**
notre	**nuestro(a)**	**nuestros(as)**
votre	**vuestro(a)**	**vuestros(as)**
leur	**su**	**sus**

su hijo son fils (à elle ou à lui)
su habitación sa chambre (à elle, à lui ou à eux)
sus maletas ses valises (à elle, à lui ou à eux)

4. Comparatif et superlatif : ils sont formés en ajoutant **más** (plus) ou **menos** (moins) et **lo más** ou **lo menos** que l'on placera avant l'adjectif.

alto haut **más alto** **lo más alto**

Adverbes

Ils sont formés en ajoutant **-mente** à la forme féminine de l'adjectif (s'il diffère du masculin) ; sinon au masculin.

cierto(a) sûr **fácil** facile
ciertamente sûrement **fácilmente** facilement

Les adjectifs peuvent être parfois employés comme adverbes, p.ex. **alto** peut signifier haut et hautement.

Pronoms démonstratifs

	masc.	fém.	neutre
celui-ci, etc.	éste	ésta	esto
ceux-ci, etc.	éstos	éstas	estos
celui-là, etc.	ése	ésa	eso
	aquél	aquélla	aquello
ceux-là, etc.	ésos	ésas	esos
	aquéllos	aquéllas	aquellos

Eso no me gusta.   Je n'aime pas cela.
Esos libros no me gustan.   Je n'aime pas ces livres.

Les formes ci-dessus sont également utilisées comme adjectifs démonstratifs, mais les accents disparaissent au masculin et au féminin.

Pronoms personnels

	sujet	objet direct	objet indirect	réfléchi
je	yo	me	me	me
tu	tú	te	te	te
il	él	lo	le	se
elle	ella	la	le	se
vous (polit.)	usted	le (lo, la)	le	se
nous	nosotros(as)	nos	nos	nos
vous	vosotros(as)	os	os	os
ils	ellos	los	les	se
elles	ellas	las	les	se
vous (polit.)	ustedes	les (los, las)	les	se

Les pronoms sujets sont généralement omis, sauf pour la forme de politesse (**usted**, **ustedes**), qui correspond à «vous». **Tú** (sing.) et **vosotros** (plur.) sont employés lorsqu'on s'adresse à des parents, des amis, des enfa[nts] ou entre jeunes gens. **Usted** et son pluriel **ustedes** (souve[nt] abrégés **Vd**./**Vds**.) sont destinés à une ou plusieurs p[er]sonnes respectables.

Verbes

Nous vous donnons l'infinitif et le présent. Nous vo[us] recommandons d'apprendre les deux **verbes auxiliair**[es] suivants:

ser (être)*

yo soy (je suis)
tú eres (tu es)
él/ella es (il/elle est)
usted es (vous êtes - sing./polit.)
nosotros somos (nous sommes)
vosotros sois (vous êtes)
ellos/ellas son (ils/elles sont)
ustedes son (vous êtes - plur./polit.)

haber (avoir)

yo he (j'ai)
tú has (tu as)
él/ella ha (il/elle a)
usted ha (vous avez - sing./polit.)
nosotros hemos (nous avons)
vosotros habéis (vous avez)
ellos/ellas han (ils/elles ont)
ustedes han (vous avez - plur./polit.)

Voici trois **verbes réguliers** appartenant aux trois princ[i]pales conjugaisons:

	en-**ar** habl**ar** (parler)	en-**er** com**er** (manger)	en-**ir** re**ir** (rire)
yo	hablo	como	río
tú	hablas	comes	ríes
él/ella	habla	come	ríe
usted	habla	come	ríe
nosotros	hablamos	comemos	reímos
vosotros	habláis	coméis	reís
ellos/ellas	hablan	comen	ríen
ustedes	hablan	comen	ríen

* Il y a deux verbes «être» en espagnol: **ser** s'emploie pour marquer un ét[at] permanent; **estar** pour décrire un état temporaire ou indiquer un lieu.

Verbes irréguliers: il faut les apprendre, comme dans toute langue. En voici quatre qui vous seront fort utiles:

	poder (pouvoir)	ir (aller)	ver (voir)	conocer (connaître)
yo	puedo	voy	veo	conozco
tú	puedes	vas	ves	conoces
él/ella	puede	va	ve	conoce
usted	puede	va	ve	conoce
nosotros	podemos	vamos	vemos	conocemos
vosotros	podéis	vais	veis	conocéis
ellos/ellas	pueden	van	ven	conocen
ustedes	pueden	van	ven	conocen

La forme négative

Elle s'obtient en mettant **no** devant le verbe:

Es nuevo. C'est nouveau. **No es nuevo.** Ce n'est pas nouveau.

Questions

En espagnol, la question se marque souvent par une inflexion différente de la voix; souvent aussi, le pronom personnel est supprimé, dans l'affirmation comme dans la négation ou la question:

Hablo español. Je parle espagnol.
¿Habla español? Parlez-vous espagnol?

Notez le double point d'interrogation qui est d'usage en espagnol. Même chose pour l'exclamation.

¡Qué tarde se hace! Comme il se fait tard!

Guide de prononciation

Cet exposé est destiné à vous familiariser avec notre système de transcription et à vous faciliter la prononciation de l'espagnol.

Sous le titre «Quelques expressions courantes» (pages 16–21), nous avons sélectionné un minimum de mots et de phrases qui vous seront utiles pendant votre voyage.

Aperçu de l'orthographe et des sons espagnols

Vous trouverez ci-après la prononciation des lettres et des sons espagnols, ainsi que les symboles que nous utilisons pour leur transcription phonétique. Cette dernière devrait être lue comme s'il s'agissait de français, exception faite de quelques règles expliquées ci-dessous. Toutes les lettres doivent être prononcées, y compris la dernière lettre de chaque mot.

Certes, les sons de deux langues ne correspondent jamais exactement mais, en suivant attentivement nos indications, vous n'éprouverez aucune difficulté à lire nos transcriptions et à vous faire comprendre.

Les lettres écrites en caractères gras devraient être lues avec une accentuation plus prononcée que les autres.

Consonnes

Lettres	Prononciation approximative	Symbole	Exemple	
f, h, k, l, m, n, p, t	pratiquement comme en français, mais m et n ne nasalisent pas une voyelle précédente			
b	comme **b** dans **b**as mais, à l'intérieur d'un mot, un son moins net, rappelant un peu le **v** de **v**ue	b	arriba	arriba

c	1) devant **e** ou **i**, comme le **th** de l'anglais «**th**ing» (**s** dit en zézayant)	θ	**gracias**	graθias
	2) autrement, comme **c** dans **c**ap	k	**como**	kômô
ch	comme le **tch** de **tch**èque	tch	**mucho**	moutchô
d	comme en français, mais entre voyelles et à la fin d'un mot, un peu comme le **th** de l'anglais «**th**e» (**z** dit en zézayant)	d	**nada**	nada
g	1) devant **e** ou **i**, se prononce tout au fond de la bouche, un peu comme le **r** de c**r**oupe	kh	**general**	khénéral
	2) autrement, comme **g** dans **g**ai (**gu** + **e** ou **i** se prononce «gué» ou «guy» – mais le **u** devient audible devant **a** et **o**)	g/gh	**grande**	granndé
			guía	ghia
j	comme le **r** de c**r**oupe	kh	**junta**	khounta
ll	comme le **li** de **li**en	ly	**llamar**	lyamar
ñ	comme le **gn** d'oi**gn**on	gn	**señor**	ségnôr
r	roulé, comme dans le sud de la France	r	**rápido**	rapidô
s	1) généralement comme **s** dans **s**i, mais peut rappeler le **ch** français	s	**después**	déspoués
	2) **s** «dur» entre deux voyelles, comme dans ca**ss**é	ss	**casa**	kassa
v	comme **b** dans **b**as mais, à l'intérieur d'un mot, un son moins net, rappelant un peu le **v** de **v**ue	b	**vamos**	bamôs
x	1) souvent entre le **x** d'e**x**amen et celui de ta**x**i	ks	**taxi**	taksi

	2) le préfixe **ex-** se prononce soit comme **ex-**, soit comme **es** dans **z**est	éks és	**ex-general** **exportación**	éks-khénéra éspôrta-θyôn
z	comme le **th** de l'anglais «**th**ing» (**s** dit en zézayant)	θ	**zapato**	θapatô

Voyelles

a, i, y	comme en français			
e	généralement comme **é** dans **th**é	é	**eso**	éssô
o	généralement comme **ô** dans rôle	ô	**como**	kômô
u	comme **ou** dans n**ou**s	ou	**usted**	oustéd

Diphtongues

En espagnol, **i**, **u** et **y** sont des voyelles faibles, **a**, **e** et des voyelles fortes. Une diphtongue étant une combina son d'une voyelle forte et d'une faible prononcées comm une seule voyelle, la forte est prononcée avec plus d'in tensité que la faible; ainsi, **au** se prononce plus ou moi comme **aou** en français, **ai** comme **ail**, **ue** comme **oué** ainsi de suite.

Accentuation

L'accent en espagnol sert à indiquer quelle est la syllab tonique d'un mot. Dans notre transcription phonétiqu nous avons employé des caractères gras pour marque la syllabe tonique.

Pour l'emploi de l'accent orthographique (´), il fau distinguer trois cas:

1) mots dont la syllabe tonique est la troisième depuis la fin : ils portent toujours un accent orthographique, p.ex. :

último (oultimô)   **simpático** (simmpatikô)   **Córdoba** (kôrdôba)

2) mots dont la syllabe tonique est l'avant-dernière du mot : ils portent seulement un accent orthographique si le mot finit par une consonne autre que **n** ou **s**, p.ex. :

árbol (arbôl)   **inútil** (inoutil)   **lápiz** (lapiθ)
mais :
lunes (lounés)   **trabajan** (trabakhann)   **cine** (θiné)

3) mots dont la syllabe tonique est la dernière du mot : ils portent seulement un accent orthographique si le mot finit par une voyelle ou par **n** ou **s**, p.ex. :

Bogotá (bogota)   **están** (éstann)   **jamás** (khamas)
mais :
comer (komèr)   **azul** (aθoul)   **ciudad** (θioudad)

Remarque : certains mots espagnols ont plusieurs sens et, pour éviter la confusion, on utilise l'accent orthographique pour l'un d'eux, p.ex. :

él = il   **el** = le   **si** = si   **sí** = oui   **tu** = ton   **tú** = tu

Quelques expressions courantes

Oui.	**Sí.**	si
Non.	**No.**	nô
S'il vous plaît.	**Por favor.**	pôr fabôr
Merci.	**Gracias.**	graθias
Non, merci.	**No, gracias.**	nô graθias
Oui, s'il vous plaît.	**Sí, por favor.**	si pôr fabôr
Merci beaucoup.	**Muchas gracias.**	moutchas graθias
Je vous en prie.	**Está bien.**	ésta bién

Salutations

Bonjour (matin).	**Buenos días.**	bouénôs dias
Bonjour (après-midi).	**Buenas tardes.**	bouénas tardés
Bonsoir.	**Buenas tardes.**	bouénas tardés
Bonne nuit.	**Buenas noches.**	bouénas nôtchés
Au revoir.	**Adiós.**	adiôs
A bientôt.	**Hasta luego.**	asta louégô
Voici M. ...	**Este es el Señor ...**	ésté és él ségnôr
Voici Mme ...	**Esta es la Señora ...**	ésta és la ségnôra
Voici Mlle ...	**Esta es la Señorita ...**	ésta és la ségnôrita
Enchanté de faire votre connaissance.	**Encantado de conocerle.**	énkanntadô dé kônôθérlé
Comment allez-vous?	**¿Cómo está usted?**	kômô ésta oustéd
Très bien. Et vous?	**Muy bien. ¿Y usted?**	moui bién. i oustéd
Comment ça va?	**¿Cómo le va?**	kômô lé ba
Très bien, merci. Et vous?	**Muy bien, gracias. ¿Y usted?**	moui bién graθias. i oustéd
Pardon? (Je n'ai pas compris.)	**¿Perdóneme?**	pérdônémé
Excusez-moi.	**Perdóneme.**	pérdônémé
De rien.	**De nada.**	dé nada

EXPRESSIONS COURANTES

Questions

Où?	¿Dónde?	dôndé
Où est ...?	¿Dónde está ...?	dôndé ésta
Où sont ...?	¿Dónde están ...?	dôndé éstann
Comment?	¿Cómo?	kômô
Combien?	¿Cuánto?	kouanntô
Combien? (plur.)	¿Cuántos?	kouanntôs
Quand?	¿Cuándo?	kouanndô
Quoi?	¿Qué?	ké
Pourquoi?	¿Porqué?	pôrké
Qui?	¿Quién?	kién
Lequel/Lesquels?	¿Cuál/Cuáles?	koual/koualés
Comment dit-on ceci en espagnol?	¿Cómo se llama esto en español?	kômô sé lyama éstô én éspagnôl
Comment dit-on cela en espagnol?	¿Cómo se llama eso en español?	kômô sé lyama éssô én éspagnôl
Comment appelle-t-on ceux-ci en espagnol?	¿Cómo se llaman éstos en español?	kômô sé lyamann éstôs én éspagnôl
Comment appelez-vous ceux-là en espagnol?	¿Cómo se llaman ésos en español?	kômô sé lyamann éssôs én éspagnôl
Que signifie ceci?	¿Qué quiere decir esto?	ké kiéré déθir éstô
Que signifie cela?	¿Qué quiere decir eso?	ké kiéré déθir éssô

Parlez-vous ...?

Parlez-vous français?	¿Habla usted francés?	abla oustéd frannθés
Y a-t-il quelqu'un ici qui parle ...?	¿Hay alguien aquí que hable ...?	aï alghién aki ké ablé
Je ne parle pas bien espagnol.	No hablo mucho español.	nô ablô moutchô éspagnôl

EXPRESSIONS COURANTES

EXPRESSIONS COURANTES

Pouvez-vous parler plus lentement?	¿Puede usted hablar más despacio?	pouédé oustéd ablar mas déspaθiô
Pourriez-vous répéter cela?	¿Podría usted repetir eso?	pôdria oustéd répétir éssô
S.v.p., écrivez-le.	Por favor, escríbalo.	pôr fabôr éskribalô
Pouvez-vous me le traduire?	¿Puede usted traducírmelo?	pouédé oustéd tradouθirmélô
Pouvez-vous nous le traduire?	¿Puede usted traducírnoslo?	pouédé oustéd tradouθirnôslô
Montrez-moi la phrase dans le livre, s.v.p.	Por favor señale la frase en el libro.	pôr fabôr ségnalé la frassé én él librô
Un instant. Je vais voir si je la trouve dans ce livre.	Un momento. Veré si la puedo encontrar en este libro.	oun mômêntô. béré si la pouédô énkôntrar én ésté librô
Je comprends.	Comprendo.	kômpréndô
Je ne comprends pas.	No comprendo.	nô kômpréndô

Puis-je...?

Puis-je avoir...?	¿Puede darme...?	pouédé darmé
Pouvons-nous avoir...?	¿Puede darnos...?	pouédé darnôs
Pouvez-vous me montrer...?	¿Puede usted enseñarme...?	pouédé oustéd énségnarmé
Je ne peux pas.	No puedo.	nô pouédô
Pouvez-vous me dire...?	¿Puede usted decirme...?	pouédé oustéd déθirmé
Pouvez-vous m'aider?	¿Puede usted ayudarme?	pouédé oustéd aioudarmé
Puis-je vous aider?	¿Puedo ayudarle?	pouédô aioudarlé
Pouvez-vous m'indiquer la direction de...?	¿Puede usted indicarme la dirección a...?	pouédé oustéd inndikarmé la dirékθiôn a

Je voudrais...

Je voudrais ...	**Quisiera...**	kissiéra
Nous voudrions ...	**Quisiéramos...**	kissiéramôs
Que désirez-vous?	**¿Qué desea usted?**	ké désséa oustéd
Donnez-moi ...	**Déme...**	démé
Donnez-le-moi.	**Démelo.**	démélô
Apportez-moi ...	**Tráigame...**	traïgamé
Apportez-le-moi.	**Tráigamelo.**	traïgamélô
Montrez-moi ...	**Enséñeme...**	énségnémé
Montrez-le-moi.	**Enséñemelo.**	énségnémélô
J'ai faim.	**Tengo hambre.**	téngô ammbré
J'ai soif.	**Tengo sed.**	téngô séd
Je suis fatigué.	**Estoy cansado.**	éstôï kannsadô
Je me suis perdu.	**Me he perdido.**	mé é pérdidô
Je cherche ...	**Estoy buscando...**	éstôï bouskanndô
C'est important.	**Es importante.**	és immpôrtannté
C'est urgent.	**Es urgente.**	és ourkhénté
Dépêchez-vous!	**¡Dése prisa!**	déssé prissa

C'est/Il y a...

C'est ...	**Es...**	és
Est-ce ...?	**¿Es...?**	és
Ce n'est pas ...	**No es...**	nô és
Voici ...	**Aquí está...**	aki ésta
Voici ... (plur.)	**Aquí están...**	aki éstann
Voilà ...	**Ahí está...**	aï ésta
Voilà ... (plur.)	**Ahí están...**	aï éstann
Il y a ...	**Hay...**	aï
Y a-t-il ...?	**¿Hay...?**	aï
Il n'y a pas ...	**No hay...**	nô aï
Il n'y en a pas ...	**No hay ninguno...**	nô aï ninngounô

C'est...

grand/petit	**grande/pequeño**	granndé/pékégnô
rapide/lent	**rápido/lento**	rapidô/léntô
tôt/tard	**temprano/tarde**	témpranô/tardé
bon marché/cher	**barato/caro**	baratô/karô
près/loin	**cerca/lejos**	θérka/lékhôs
chaud/froid	**caliente/frío**	kaliénté/friô
plein/vide	**lleno/vacío**	lyénô/baθiô
facile/difficile	**fácil/difícil**	faθil/difiθil
lourd/léger	**pesado/ligero**	péssadô/likhérô
ouvert/fermé	**abierto/cerrado**	abiértô/θérradô
correct/faux	**correcto/incorrecto**	kôrréktô/innkôrréktô
vieux/jeune	**viejo/joven**	biékhô/khôbén
vieux/nouveau	**viejo/nuevo**	biékhô/nouébô
prochain/dernier	**próximo/último**	prôksimô/oultimô
beau/laid	**bonito/feo**	bônitô/féô
libre/occupé	**libre/ocupado**	libré/ôkoupadô
bon/mauvais	**bueno/malo**	bouénô/malô
meilleur/pire	**mejor/peor**	mékhôr/péôr
ici/là	**aquí/allí**	aki/alyi
maintenant/alors (à cette époque)	**ahora/entonces**	aôra/éntônθés

Quantités

un peu/beaucoup	**un poco/mucho**	oun pôkô/moutchô
beaucoup (plur.)	**muchos/muchas**	moutchôs/moutchas
plus que/moins que	**más que/menos que**	mas ké/ménôs ké
assez/trop	**bastante/demasiado**	bastannté/démassiadô
quelques	**unos/unas**	ounôs/ounas

EXPRESSIONS COURANTES

Prépositions et mots usuels

à	**a/en**	a/én
sur	**sobre/en**	sôbré/én
dans	**en**	én
après	**después**	déspoués
avant	**antes**	anntés
en face de	**enfrente de**	énfrénté dé
à/pour	**a/para**	a/para
de/depuis	**de/desde**	dé/désdé
avec	**con**	kôn
sans	**sin**	sinn
dedans	**dentro**	déntrô
dehors	**fuera**	fouéra
par/à travers	**por/a través de**	pôr/a trabés dé
vers/du côté de	**hacia**	haθia
en haut	**arriba**	arriba
en bas	**abajo**	abakhô
jusqu'à	**hasta**	asta
pour	**por/para**	pôr/para
durant	**durante**	douranntié
et	**y**	i
ou/ou bien	**o**	ô
ne... pas	**no**	nô
rien	**nada**	nada
aucun(e)	**ninguno/ninguna**	ninngounô/ninngouna
très	**muy**	moui
aussi	**también**	tammbién
bientôt	**pronto**	prôntô
peut-être	**quizá/tal vez**	kiθa/tal béθ

EXPRESSIONS COURANTES

Arrivée

Vous voici arrivé. Que vous soyez venu en bateau, en train ou en avion, vous devrez vous soumettre au contrôle des passeports et aux formalités douanières. (Pour le contrôle automobile/contrôle frontalier, voir page 145).

Vous trouverez probablement sur place quelqu'un qui parle français. C'est pourquoi nous ne consacrons à ce sujet qu'un court chapitre. Vous désirez sans doute vous retrouver sur le chemin de votre hôtel dans le plus bref délai. Voici comment agir :

Passeports

Voici mon passeport.	**Aquí está mi pasaporte.**	aki ésta mi passapôrté
Je resterai …	**Quedaré…**	kédaré
quelques jours	**unos días**	ounôs dias
une semaine	**una semana**	ouna sémana
2 semaines	**2 semanas**	dôs sémanas
un mois	**un mes**	oun més
Je ne sais pas encore.	**Aún no le sé.**	aoun nô lô sé
Je suis ici en vacances.	**Estoy aquí de vacaciones.**	éstôi aki dé bakaθiônés
Je suis ici pour affaires.	**Estoy aquí de negocios.**	éstôi aki dé négôθiôs
Je suis en transit.	**Estoy sólo de paso.**	éstôi sôlô dé passô

Si des difficultés surgissent …

Excusez-moi. Je ne comprends pas.	**Lo siento. No comprendo.**	lô siéntô. nô kômpréndô
Y a-t-il quelqu'un ici qui parle français ?	**¿Hay alguien aquí que hable francés?**	aï alghién aki ké ablé frannθés

Douane

Ce tableau vous indiquera ce que vous pouvez importer en franchise.*

	Cigarettes	Cigares	Tabac	Alcool	Vin
1)	300 ou	75 ou	350 g.	1,5 l. et	5 l.
2)	200 ou	50 ou	250 g.	1 l. ou	2 l.

1) Visiteurs en provenance d'un pays de la CEE
2) Visiteurs en provenance d'un autre pays

Sont généralement autorisés: les effets, bijoux et parfums pour votre usage personnel, un appareil de photo et une caméra avec cinq films chacun, une paire de jumelles, etc. Peut-être vous demandera-t-on de signer une promesse de ne pas revendre certains objets pendant votre séjour, ou bien de laisser un dépôt de garantie.

Je n'ai rien à déclarer.	**No tengo nada que declarar.**	nô téngô nada ké déklarar
J'ai ...	**Tengo...**	téngô
une bouteille de vin	**una botella de vino**	ouna bôtélya dé binô
une bouteille de whisky	**una botella de whisky**	ouna bôtélya dé ouiski
une cartouche de cigarettes	**un cartón de cigarrillos**	oun kartôn dé θigarrilyôs
C'est pour mon usage personnel.	**Es para mi uso personal.**	és para mi oussô pérsônal
Ce n'est pas neuf.	**No es nuevo.**	nô és nouébô

artículos para declarar		nada que declarar
articles à déclarer	⬅ ➡	rien à déclarer

* Les quantités peuvent changer sans préavis.

ARRIVEE

Su pasaporte, por favor.	Votre passeport, s.v.p.
Abra esta maleta, por favor.	Veuillez ouvrir cette valise.
Tiene que pagar por esto.	Vous devez payer une taxe pour ceci.
¿Tiene usted más equipaje?	Avez-vous d'autres bagages?

Bagages – Porteurs

A défaut de porteurs – de plus en plus rares –, prenez un chariot à bagages, généralement mis gratuitement à la disposition des voyageurs.

Porteur!	¡Mozo!	môθô
Pouvez-vous m'aider à porter mes bagages?	¿Puede ayudarme con mi equipaje?	pouédé aïoudarmé kôn mi ékipakhé
C'est à moi.	Eso es mío.	éssô és miô
C'est mon/ma ...	Es mi...	és mi
sac	bolsa	bôlsa
valise	maleta	maléta
Ce/Cette ... -là.	Esa ...	éssa
grand/petit	grande/pequeña	granndé/pékégna
bleu/brun/noir	azul/marrón/negra	aθoul/marrôn/négra
Il manque un bagage.	Falta un bulto.	falta oun boultô
Portez ces bagages ...	Lleve este equipaje ...	lyébé ésté ékipakhé
au bus	al autobús	al aoutôbous
à la consigne (automatique)	a la consigna (automática)	a la kônsigna (aoutoumatika)
Où sont les chariots à bagages?	¿Dónde están los carritos para el equipaje?	dôndé éstann lôs karritôs para él ékipakhé

POUR LES POURBOIRES, voir page 1

Change

Vous trouverez une banque ou un bureau de change dans la plupart des aéroports. Si tout est fermé, vous pourrez éventuellement changer de l'argent à votre hôtel. Tous les détails concernant l'argent et le change vous sont indiqués aux pages 134–136.

Je voudrais changer des ...	**Quisiera cambiar ...**	kissiéra kammbiar
chèques de voyage	**cheques de viaje**	tchékés dé biakhé
francs belges	**francos belgas**	frannkôs bélgas
francs français	**francos franceses**	frannkôs frannθéssés
francs suisses	**francos suizos**	frannkôs souiθôs
Où est le bureau de change le plus proche?	**¿Dónde está la oficina de cambio más cercana?**	dônde ésta la ofiθina dé kammbiô mas θérkana
Quel est le cours du change?	**¿A cómo está el cambio?**	a kômô ésta él kammbiô

Directions

Comment puis-je aller à ...?	**¿Cómo puedo ir a ...?**	kômô pouédô ir a
Où est le bus qui va jusqu'au centre de la ville?	**¿Dónde está el autobús que va hasta el centro de la ciudad?**	dônde ésta él aoutôbous ké ba asta él θéntrô dé la θioudad
Où puis-je trouver un taxi?	**¿Dónde puedo tomar un taxi?**	dônde pouédô tômar oun taksi
Où puis-je louer une voiture?	**¿Dónde puedo alquilar un coche?**	dônde pouédô alkilar oun kôtché

Réservation d'hôtels

La plupart des aéroports possèdent un service de réservation d'hôtels et tous ont un bureau d'information pour touristes. Vous y trouverez probablement quelqu'un qui parle français.

POUR LES NOMBRES, voir page 176

Location de voitures

Il y a des agences dans la plupart des aéroports et des gares, ainsi que dans les grandes villes et les stations touristiques. Il est probable que vous y trouverez quelqu'un qui parle français. Si ce n'est pas le cas, essayez les phrases suivantes:

Je voudrais louer une ...	Quisiera alquilar un ...	kissiéra alkilar oun
voiture	coche	kôtché
petite voiture	coche pequeño	kôtché pékégnô
grande voiture	coche grande	kôtché granndé
voiture de sport	coche deportivo	kôtché dépôrtibô
Je la voudrais pour ...	Lo quiero para ...	lô kiérô para
un jour	un día	oun dia
4 jours	4 días	4 dias
une semaine	una semana	ouna sémana
2 semaines	2 semanas	2 sémanas
Quel est le tarif par jour/semaine?	¿Cuánto cobran por día/semana?	kouanntô kôbrann pôr dia/sémana
Le kilométrage est-il compris?	¿Está incluído el kilometraje?	ésta innklouidô él kilômétrakhé
L'essence est-elle comprise?	¿Está incluída la gasolina?	ésta innklouida la gassôlina
L'assurance tous risques est-elle comprise?	¿Está incluído el seguro completo?	ésta innklouidô él ségourô kômplétô
Quel est le montant de la caution?	¿Qué depósito hay que dejar?	ké dépôssitô aï ké dékhar
J'ai une carte de crédit.	Tengo una carta de crédito.	téngô ouna karta dé kréditô
Voici mon permis de conduire.	Este es mi carné de conducir.	ésté és mi karné dé kôndouθir

ARRIVEE

Remarque : Vous pouvez circuler, en Espagne, avec votre permis national accompagné de la carte verte. Si vous désirez louer une voiture, le permis de conduire international est obligatoire.

POUR LES VISITES TOURISTIQUES, voir page 75

Taxi

La plupart des taxis sont dotés de compteurs. Le tarif indiqué à la fin du trajet ne correspond pas forcément au prix définitif. Certains suppléments peuvent vous être demandés en cas de course nocturne ou les jours fériés, lorsque la prise en charge a lieu devant une gare, un théâtre ou des arènes. Et puis il y a, éventuellement, les bagages.

Où puis-je trouver un taxi?	¿Dónde puedo coger un taxi?	dôndé pouédô kôkhér oun taksi
Appelez-moi un taxi, s.v.p.	Pídame un taxi, por favor.	pidamé oun taksi, pôr fabôr
Quel est le tarif pour …?	¿Cuánto es la tarifa a …?	kouanntô és la tarifa a
A quelle distance se trouve …?	¿Cuánto se tarda a …?	kouanntô sé tarda a
Conduisez-moi …	Lléveme …	lyébémé
à cette adresse	a estas señas	a éstas ségnas
à l'aéroport	al aeropuerto	al aérôpouértô
à la gare	a la estación	a la éstaθiôn
au centre de la ville	al centro de la ciudad	al θéntrô dé la θioudad
à l'hôtel …	al hotel …	al ôtél
Tournez à droite (gauche) au prochain coin de rue.	Gire a la derecha (izquierda) en la próxima esquina.	khiré a la dérétcha (iθkiérda) én la prôksima éskina
Continuez tout droit.	Siga derecho.	siga dérétchô
Arrêtez-vous ici, s.v.p.	Pare aquí, por favor.	paré aki pôr fabôr
Je suis pressé.	Tengo prisa.	téngô prissa
Pourriez-vous rouler plus lentement?	¿Podría conducir más despacio?	pôdria kôndouθir mas déspaθiô
Pouvez-vous m'aider à porter mes bagages?	¿Puede ayudarme con mi equipaje?	pouédé aïoudarmé kôn mi ékipakhé
Pourriez-vous m'attendre?	¿Puede esperarme?	pouédé éspérarmé

ARRIVEE

POUS LES POURBOIRES, voir page 1

Hôtel

Pour être sûr d'obtenir une chambre dans les grands centres touristiques, pendant la haute saison, il importe de faire ses réservations à temps (et de se les faire confirmer). Dans la plupart des villes ou points d'arrivée, il existe un office du tourisme auquel vous vous adresserez si vous ne trouvez pas de chambre.

Les hôtels sont officiellement classés en cinq catégories :

Hoteles de lujo (ôtélés dé loukhô)	hôtels de luxe, avec tout ce que cela implique
1ª clase A (priméra klassé a)	première classe A ; toutes commodités ; la plupart des chambres avec bains et toilettes privées, téléphone, télévision
1ª clase B (priméra klassé bé)	première classe B ; confortables, bon service ; la plupart des chambres avec douches
2ª y 3ª clase (ségounda i térθéra klassé)	2ème et 3ème classes. Confortables, mais commodités et services limités
Pensiones (pénsiônés)	divisées en trois catégories. Elles offrent la *pensión completa* (pénsiôn kômpléta – pension complète) ou la *media pensión* (média pénsiôn – nuit et petit déjeuner), un autre repas est souvent servi en plus
Hostales (ôstalés)	également divisés en trois catégories ; ils offrent les mêmes commodités que les *pensiones* mais comportent plus de chambres
Albergues (albérghés)	auberges de campagne modernes, destinées surtout aux automobilistes
Paradores (paradôrés)	palais, gentilhommières, châteaux, monastères transformés ou encore constructions modernes dans un site souvent exceptionnel. Nous vous conseillons de réserver le plus longtemps possible à l'avance
Refugios (réfoukhiôs)	petites auberges des régions écartées et montagneuses ; souvent fermées en hiver

Piso amueblado/sin amueblar
(pissô amouébladô/ sinn amouéblar)

appartement meublé ou non; adressez-vous à une agence immobilière ou directement au propriétaire

Albergues de juventud
(albérghés dé khoubéntoud)

auberges de jeunesse; il en existe environ 70 sur tout le territoire espagnol. Les touristes étrangers qui veulent les fréquenter doivent être inscrits auprès de la Fédération internationale des Auberges de Jeunesse.

Formalités d'arrivée – Réception

Français	Espagnol	Prononciation
Mon nom est ...	Mi nombre es...	mi nômbré és
J'ai réservé (une chambre).	He hecho una reserva.	é étchô ouna réssérba
Nous avons réservé 2 chambres, une à un lit, l'autre à 2 lits.	Hemos reservado 2 habitaciones, una sencilla y una doble.	émôs réssérbadô 2 abitaθiônés, ouna sénθilya i ouna dôblé
Je vous ai écrit le mois dernier. Voici la confirmation.	Le escribí el mes pasado. Esta es la confirmación.	lé éskribi él més passadô. ésta és la kônfirmaθiôn
Avez-vous des chambres libres?	¿Tiene habitaciones libres?	tiéné abitaθiônés librés
Je voudrais ...	Quisiera...	kissiéra
une chambre à un lit	una habitación sencilla	ouna abitaθiôn sénθilya
une chambre à 2 lits	una habitación con 2 camas	ouna abitaθiôn kôn 2 kamas
2 chambres à un lit	2 habitaciones sencillas	2 abitaθiônés sénθilyas
une chambre avec ...	una habitación con...	ouna abitaθiôn kôn
balcon	balcón	balkôn
douche	ducha	doutcha
jolie vue	vista bonita	bista bônita
lits jumeaux	dos camas juntas	dôs kamas khountas
salle de bains	cuarto de baño	kouartô dé bagnô

HOTEL – LOGEMENT

HOTEL – LOGEMENT

Nous voudrions une chambre ...	Quisiéramos una habitación ...	kissiéramôs ouna abitaθiôn
sur la cour	con vista hacia atrás	kôn bista aθia atras
sur la rue	con vista al frente	kôn bista al frénté
avec vue sur la mer	que dé al mar	ké dé al mar
Elle doit être tranquille.	Tiene que ser tranquila.	tiéné ké sér trannkila
Y a-t-il ...?	¿Hay ...?	aï
air conditionné	aire acondicionado	aïré akôndiθiônadô
chauffage central	calefacción	kaléfakθiôn
eau chaude	agua caliente	agoua kaliénté
eau courante	agua corriente	agoua kôrriénté
radio/télévision	radio/televisor	radiô/télébissôr
service de blanchisserie	servicio de lavandería	sérbiθiô dé labanndéria
service en chambre	servicio de cuarto	sérbiθiô dé kouartô
toilettes particulières	«water» particular	batér partikoular

Combien?

Quel est le prix ...?	¿Cuánto cuesta ...?	kouanntô kouésta
par nuit	por noche	pôr nôtché
par semaine	por semana	pôr sémana
pour la nuit et le petit déjeuner	por dormir y desayunar	pôr dôrmir y dessaïounar
sans les repas	excluyendo las comidas	éksklouïéndô las kômidas
de la pension complète	con pensión completa	kôn pénsiôn kômpléta
Le prix comprend-il ...?	¿Está incluído ...?	ésta innklouidô
le petit déjeuner	el desayuno	él déssaïounô
les repas	las comidas	las kômidas
le service	el servicio	él sérbiθiô
Y a-t-il une réduction pour les enfants?	¿Hay alguna reducción para los niños?	aï algouna rédoukθiôn para lôs nignôs
C'est trop cher.	Es demasiado caro.	és démassiadô karô
N'avez-vous rien de meilleur marché?	¿No tiene usted algo más barato?	nô tiéné oustéd algô mas baratô

POUR LES NOMBRES, voir page 176

Combien de temps ?

Nous resterons ...	**Nos quedaremos...**	nôs kédarémôs
une nuit seulement	**sólo una noche**	sôlô ouna nôtché
quelques jours	**unos días**	ounôs dias
une semaine (au moins)	**una semana (por lo menos)**	ouna sémana (pôr lô ménôs)
Je ne sais pas encore.	**Aún no lo sé.**	aoun nô lô sé

Décision

Puis-je voir la chambre ?	**¿Puedo ver la habitación?**	pouédô bér la abitaθiôn
Non, elle ne me plaît pas.	**No, no me gusta.**	nô nô mé gousta
Elle est trop ...	**Es demasiado...**	és démassiadô
bruyante	**ruidosa**	rouidôssa
chaude/froide	**caliente/fría**	kaliénté/fria
petite/sombre	**pequeña/oscura**	pékégna/ôskoura
Non, elle ne me convient pas du tout.	**No, esa no me sirve.**	nô éssa nô mé sirbé
N'avez-vous rien de ... ?	**¿Tiene algo...?**	tiéné algô
meilleur marché	**más barato**	mas baratô
mieux	**mejor**	mékhôr
plus grand	**más grande**	mas granndé
plus petit	**más pequeño**	mas pékégnô
C'est bien. Je la prends.	**Muy bien. La tomo.**	moui bién. la tômô

La note

Les notes vous sont généralement présentées chaque semaine ou lorsque vous quittez l'hôtel, si vous restez moins d'une semaine. Certains hôtels accordent une réduction pour les bébés et les enfants.

POUR LES JOURS DE LA SEMAINE, voir page 181

Pourboires

Comme le service est habituellement compris à l'hôtel et au restaurant, vous n'avez aucune obligation en la matière. Il n'en demeure pas moins qu'il convient de donner la pièce au chasseur, à la femme de chambre, au porteur qui monte vos bagages dans votre chambre, etc.

Déclaration de séjour

Lorsque vous arriverez dans un hôtel ou une pension, on vous demandera de remplir une fiche (*una ficha* – **ou**na fitcha). Il est à peu près sûr que le formulaire d'inscription comportera une traduction française. Si tel n'est pas le cas, demandez à l'employé de l'hôtel :

Que signifie ceci ?	¿Qué quiere decir esto ?	ké kiéré déθir éstô

¿Puedo ver su pasaporte ?	Puis-je voir votre passeport ?
¿Quisiera llenar esta ficha de inscripción ?	Voulez vous remplir cette fiche d'inscription, s.v.p. ?
Firme aquí, por favor.	Signez ici, s.v.p.
¿Cuánto tiempo piensa quedarse ?	Combien de temps pensez-vous rester ?

Quel est le numéro de ma chambre ?	¿Cuál es el número de mi habitación ?	koual és él nouméro dé mi abitaθiôn
Voulez-vous faire monter nos bagages ?	¿Puede usted hacer subir nuestro equipaje ?	pouédé oustéd aθér soubir nouéstrô ékipakhé

POUR LES POURBOIRES, voir page 1

Service, s.v.p.

chasseur	**botones**	bôtônés
directeur	**gerente**	khérénté
femme de chambre	**camarera**	kamaréra
garçon d'étage	**criado**	kriadô
téléphoniste	**telefonista**	téléfônista

Lorsque vous vous adressez aux employés de l'hôtel, dites *señor* (ségnôr – monsieur), *señora* (ségnôra – madame) et *señorita* (ségnôrita – mademoiselle). Au restaurant, vous appellerez le garçon *camarero* (kamarérô) et la serveuse *camarera* (kamaréra).

Menus services

Demandez à la femme de chambre de monter, s.v.p.	**Por favor, dígale a la camarera que suba.**	pôr fabôr digalé a la kamaréra ké souba
Qui est-ce?	**¿Quién es?**	kién és
Un instant.	**Un momento.**	oun moméntô
Entrez!	**¡Adelante!**	adélannté
Y a-t-il une salle de bains à cet étage?	**¿Hay un cuarto de baño en este piso?**	aï oun kouartô dé bagnô én ésté pissô
Comment fonctionne cette douche?	**¿Cómo funciona esta ducha?**	kômô founθiôna ésta doutcha
Où se trouve la prise pour le rasoir?	**¿Dónde está el enchufe para la máquina de afeitar?**	dônđé ésta él éntchoufé para la makina dé aféitar
Pouvons-nous prendre le petit déjeuner dans la chambre?	**¿Podemos tomar el desayuno en la habitación?**	pôdémôs tômar él déssaïounô én la abitaθiôn
Je voudrais déposer ceci dans votre coffre-fort.	**Quisiera dejar esto en su caja de caudales.**	kissiéra dékhar éstô én sou kakha dé kaoudalés

HOTEL – SERVICE

Pouvez-vous me procurer une garde d'enfants pour ce soir?	¿Puede procurarme una niñera para esta noche?	pouédé prôkourarmé ouna nignéra para ésta nôtché
Puis-je avoir ...?	¿Me puede dar ...?	mé pouédé dar
aiguille et du fil	aguja e hilo	agoukha é ilô
bouillotte	una bolsa de agua caliente	ouna bôlsa dé agoua kaliénté
cendrier	un cenicero	oun θéniθérô
d'autres cintres	más perchas	mas pértchas
couverture (supplémentaire)	una manta más	ouna mannta mas
cubes de glace	cubitos de hielo	koubitôs dé iélô
enveloppes	unos sobres	ounôs sôbrés
lampe de chevet	una lámpara de mesa	ouna lammpara dé méssa
oreiller	una almohada	ouna almôada
papier à lettres	papel de cartas	papél dé kartas
savon	jabón	khabôn
serviette de bain	una toalla de baño	ouna tôalya dé bagnô
Où est/sont ...?	¿Dónde está/están ...?	dôndé ésta/éstann
bar/salon	el bar/el salón	él bar/él salôn
restaurant	el restaurante	él réstaourannté
salle de bains	el cuarto de baño	él kouartô dé bagnô
salle à manger	el comedor	él kômédôr
salle de télévision	la sala de televisión	la sala dé télébissiôn
salon de beauté	el salón de belleza	él salôn dé bélyéθa
salon de coiffure	la peluquería	la péloukéria
les toilettes	los servicios	lôs sérbiθiôs

Petit déjeuner

Pour le petit déjeuner (*el desayuno* – él déssaïounô), vous recevrez du café, des *bollos* (bôlyôs – petits pains au lait), des croissants, du beurre et de la confiture.

Je voudrais ...	Quisiera ...	kissiéra
céréales	cereales	θéréalés
confiture	mermelada	mérmélada
jus de fruit orange/pamplemousse	zumo de fruta naranja/pomelo	θoumô dé frouta narannkha/pômélô

œufs	huevos	ouébôs
œufs au bacon	huevos con tocino	ouébôs kôn tôθinô
œuf à la coque (mollet/dur)	huevo cocido (pasado por agua/duro)	ouébô kôθidô (passadô pôr agoua/dourô)
toast	pan tostado	pann tôstadô
Puis-je avoir ... ?	¿Podría traerme...?	pôdria traérmé
beurre (supplément)	(más) mantequilla	(mas) manntékilya
café/thé	café/té	kafé/té
chocolat	chocolate	tchôkôlaté
citron/miel	limón/miel	limôn/miél
crème/sucre	nata/azúcar	nata/aθoukar
lait chaud/froid	leche caliente/fría	létché kaliénté/fria
pain	pan	pann
poivre/sel	pimienta/sal	pimiénta/sal
assiette	un plato	oun platô
couteau	un cuchillo	oun koutchilyô
cuillière	una cuchara	ouna koutchara
fourchette	un tenedor	oun ténédôr
tasse	una taza	ouna taθa
verre	un vaso	oun bassô

Remarque : Vous trouverez quantité d'autres plats sous la rubrique «Restaurants» (page 38). Vous pourrez vous y référer pour les menus du déjeuner et du dîner.

Difficultés

La/Le/Les ... ne fonctionne(nt) pas.	El/La ... no funciona.	él/la ... nô founθiôna
chauffage	la calefacción	la kaléfakθiôn
climatisation	el acondicionador de aire	él akôndiθiônadôr dé aïré
douche	la ducha	la doutcha
lumière	la luz	la louθ
robinet	el grifo	él grifô
toilettes	el water	él batér
ventilateur	el ventilador	él béntiladôr

Le lavabo est bouché.	El lavabo está atascado.	él lababô ésta ataskadô
La fenêtre est bloquée.	La ventana está atrancada.	la béntana ésta atrannkada
Le store est coincé.	La persiana está atrancada.	la pérsiana ésta atrannkada
Il n'y a pas d'eau chaude.	No hay agua caliente.	nô ai agoua kaliénté
J'ai laissé la clé dans ma chambre.	He dejado la llave en mi habitación.	é dékhadô la lyabé én mi abitaθiôn
Ma chambre n'a pas été faite.	No han arreglado mi habitación.	nô ann arréglado mi abitaθiôn
L'ampoule a sauté.	La bombilla se ha fundido.	la bômbilya sé a foundidô
L'/La/Le ... est cassé(e).	El/La ... está roto(a).	él/la ... ésta rôtô(a)
interrupteur	el interruptor	él inntérrouptôr
lampe	la lámpara	la lammpara
prise	el enchufe	él éntchoufé
store	la persiana	la pérsiana
store (en toile)	el toldo	él tôldô
volet	el postigo	él pôstigô
Pouvez-vous le faire réparer?	¿Puede usted arreglarlo?	pouédé oustéd arréglarlô

Courrier – Téléphone – Visiteurs

Pouvez-vous me donner le 123456 à Valence?	¿Puede ponerme con el 123456 de Valencia?	pouédé pônérmé kôn él 123456 dé balénθia
Est-ce qu'on m'a appelé?	¿Me llamó alguien por teléfono?	mé lyamô alghién pôr téléfonô
Y a-t-il du courrier pour moi?	¿Hay alguna carta para mí?	ai algouna karta para mi
Avez-vous des timbres?	¿Tiene usted sellos?	tiéné ousted sélyôs
Pouvez-vous poster ceci, s.v.p.?	¿Mandaría usted esto por correo, por favor?	manndaria ousted éstô pôr kôrréô pôr fabôr
Y a-t-il un message pour moi?	¿Hay algún recado para mí?	ai algoun rékadô para mi

POUR LA POSTE ET LE TÉLÉPHONE, voir pages 137–141

Départ

Puis-je avoir ma note, s.v.p.?	¿Me da mi cuenta, por favor?	mé da mi kouénta pôr fabôr
Je pars tôt demain matin. Veuillez préparer ma note, s.v.p.	Me marcho mañana temprano. Tenga mi cuenta preparada, por favor.	mé martchô magnana témpranô. ténga mi kouénta préparada pôr fabôr
Nous partons vers midi.	Nos marcharemos alrededor de mediodía.	nôs martcharémôs alrédédôr dé médiôdia
Je dois partir immédiatement.	Tengo que marcharme inmediatamente.	téngô ké martcharmé innmédiataménté
Le service (la taxe) est-il compris?	¿Está incluído el servicio (el impuesto)?	ésta innklouidô él sérbiθiô (él immpouéstô)
Est-ce que tout est compris?	¿Está todo incluído?	ésta tôdô innklouidô
N'y a-t-il pas une erreur dans la note?	¿No se habrá usted equivocado en la cuenta?	nô sé abra oustéd ékibôkadô én la kouénta
Pouvez-vous appeler un taxi?	Pídame un taxi, por favor.	pidamé oun taksi pôr fabôr
Quand part le prochain ... pour Séville?	¿A qué hora es el próximo...para Sevilla?	a ké ôra és él prôksimô ... para sébilya
avion	avión	abiôn
bus	autobús	aoutôbous
train	tren	trén
Pouvez-vous envoyer quelqu'un pour descendre nos bagages?	¿Quiere mandar a alguien para bajar nuestro equipaje?	kiéré manndar a alghién para bakhar nouéstrô ékipakhé
Nous sommes très pressés.	Tenemos mucha prisa.	ténémôs moutcha prissa
Voici l'adresse où faire suivre mon courrier. Vous avez mon adresse privée.	Estas son las señas adonde remitir mi correo. Tiene usted las señas de mi casa.	éstas sôn las ségnas adônde rémitir mi kôrrêô. tiéné oustéd las ségnas dé mi kassa

POUR LES TAXIS, voir page 27

Restaurant

Les établissements où l'on peut boire ou manger sont de plusieurs types en Espagne:

Albergue de carretera (al**bér**ghé dé karré**té**ra)	Constructions modernes stratégiquement situées sur les grands axes routiers, elles offrent à l'automobiliste commodités, bonne nourriture et bien d'autres services, dans une atmosphère agréable
Bar (bar)	Boissons et *tapas* (**ta**pas – hors-d'œuvre); certains servent des boissons chaudes
Cafetería (kafé**té**ria)	Petit café servant des boissons avec ou sans alcool; menus variés. Asseyez-vous au bar ou, pour quelques pesetas de plus, choisissez une table. Le *plato combinado* (**pla**tô kômbi**na**dô – menu à prix fixe) est souvent très bon
Fonda (**fôn**da)	Sorte d'auberge; nourriture abondante
Hostería (ôs**té**ria)	Restaurant servant souvent des spécialités régionales
Merendero (mérén**dé**rô)	Restaurant de bord de mer, où l'on mange d'excellents poissons et crustacés
Mesón (més**sôn**)	Taverne où l'ambiance est des plus espagnoles et où l'on sert une petite carte de 4 ou 5 plats
Pastelería/ Confitería (pasté**lé**ria/ kônfi**té**ria)	Pâtisserie; certaines servent du café, du thé et d'autres boissons
Posada (po**ssa**da)	Semblables aux *fondas*, ces auberges se spécialisent dans la cuisine locale

Refugio (réfoukhiô)	Situés dans les montagnes, les *refugios de montaña* (ré**fou**khiôs dé môn**ta**gna) offrent des menus simples, mais la nourriture et le service y sont généralement de grande qualité
Restaurante (réstaou**ran**nté)	Classés par le gouvernement selon la qualité de la cuisine et du service: *de lujo* (dé **lou**khô – de luxe); *de primera, segunda y tercera* (dé pri**mé**ra, sé**goun**da i tér**θé**ra)
Salón de té (sa**lôn** dé té)	Tea-room élégant et cher
Taberna (ta**bér**na)	Equivalant à peu près à un bistrot; de qualité variable; toujours une grande variété de *tapas* (**ta**pas – hors-d'œuvre) à disposition. *Una taberna* est une grande salle où l'on se réunit entre amis pour refaire le monde

Heure des repas

Nous supposons que vous avez déjà pris votre petit déjeuner à l'hôtel ou à la pension. (Pour le menu du petit déjeuner, voir page 34).

Le déjeuner (*el almuerzo* – él al**mouér**θô) se prend entre 13 et 15 h., à votre gré.

Le dîner (*la cena* – la **θé**na) débute aux environs de 21 h. et se poursuit tard dans la nuit.

La cuisine espagnole

Pour bien comprendre la richesse et la diversité de la cuisine espagnole, il faut remonter le temps. Les tribus celtes qui peuplèrent la Galice y ont apporté plusieurs graisses animales, dont la graisse de porc. Les Romains introduisirent l'ail ainsi que l'huile d'olive, qui est, aujourd'hui encore, l'ingrédient de base de la cuisine espagnole. Elle est loin d'être indigeste comme on le prétend parfois, car son raffinage est le garant de sa pureté et de ses qualités. Les conquérants arabes, en franchissant le détroit de Gibraltar, apportèrent les citrons, les oranges, le safran, les dattes et le riz. En 1492, Christophe Colomb découvrit l'Amérique. La cuisine espagnole s'enrichit ainsi de la pomme de terre, des piments, du poivre et du cacao, qui se répandirent peu à peu dans le reste de l'Europe. C'est à un chef des Baléares que l'on doit la recette de la sauce mayonnaise.

En outre, les cinq mille kilomètres de côtes de la Péninsule ibérique lui offrirent, de tout temps, une profusion de poissons atlantiques et méditerranéens, de coquillages et de crustacés qui, nous en sommes sûrs, sauront charmer votre palais.

Avez-vous faim?

| J'ai faim/soif. | **Tengo hambre sed.** | téngô ammbré/séd |
| Pouvez-vous me recommander un bon restaurant (et bon marché)? | **¿Puede aconsejarme un buen restaurante (y barato)?** | pouédé akônsékharmé oun bouén restaouranté i baratô |

Si vous voulez être sûr d'obtenir une table dans un restaurant réputé, mieux vaut réserver par téléphone.

| Je voudrais réserver une table pour 4 personnes pour 8 heures. | **Deseo reservar una mesa para 4 para las 8.** | désséô réssérbar ouna méssa para 4 para las 8 |

Demandes et commandes

Bonsoir. Je voudrais une table pour 3 personnes.	Buenas noches. Deseo una mesa para 3.	bouénas nôtchés. désséô ouna méssa para 3
Pourrions-nous avoir une ...?	¿Puede darnos una...?	pouédé darnôs ouna
table dans un coin	mesa en un rincón	méssa én oun rinnkôn
table près de la fenêtre	mesa al lado de la ventana	méssa al ladô dé la béntana
table dehors	mesa fuera	méssa fouéra
table dans un coin tranquille	mesa en un rincón tranquilo	méssa én oun rinnkôn trannkilô
Où sont les toilettes?	¿Dónde están los servicios?	dôndé éstann lôs sérbiθios
Pouvez-vous me servir tout de suite? Je suis pressé.	¿Puede servirme ahora mismo? Tengo prisa.	pouédé sérbirmé aôra mismô téngô prissa
Puis-je voir le menu?	¿Puedo ver la carta, por favor?	pouédô bér la karta pôr fabôr
Le service est-il compris?	¿Está incluído el servicio?	ésta innklouidô él sérbiθiô
Pourrions-nous avoir ..., s.v.p.?	¿Podría traernos...?	podria traérnôs
assiette	un plato	oun platô
bouteille	una botella	ouna bôtélya
cendrier	un cenicero	oun θéniθérô
(autre) chaise	otra silla	ôtra silya
couteau	un cuchillo	oun koutchilyo
cuillère	una cuchara	ouna koutchara
cure-dents	palillos de dientes	palilyôs dé diéntés
nappe	un mantel	oun manntél
serviette	una servilleta	ouna sérbilyéta
verre	un vaso	oun bassô
verre d'eau	un vaso de agua	oun bassô dé agoua
Je voudrais ...	Quisiera...	kissiéra
apéritif	un aperitivo	oun apéritibô
assaisonnement	sazonamiento	saθônamiéntô
beurre	mantequilla	manntékilya
bière	una cerveza	ouna θérbéθa
café	café	kafé
citron	limón	limôn

POUR LES RÉCLAMATIONS, voir page 57

français	espagnol	prononciation
dessert	un postre	oun pôstré
eau	agua	agoua
eau minérale	agua mineral	agoua minéral
fromage	queso	késsô
fruits	fruta	frouta
fruits de mer	mariscos	mariskôs
glace	un helado	oun éladô
hors-d'œuvre	unos entremeses	ounôs éntréméssés
huile	aceite	aθéité
huile d'olive	aceite de oliva	aθéité dé oliba
lait	leche	létché
légumes	legumbres	légoumbrés
moutarde	mostaza	môstaθa
pain	pan	pann
petit pain	un panecillo	oun panéθilyo
poisson	pescado	péskadô
poivre	pimienta	pimiénta
pommes frites	patatas fritas	patatas fritas
pommes de terre	patatas	patatas
riz	arroz	arroθ
salade	ensalada	énsalada
sandwich	un sandwich	oun sanndouitch
sauce tomate	salsa de tomate	salsa dé tômaté
sel	sal	sal
soupe	sopa	sôpa
sucre	azúcar	aθoukar
thé	té	té
viande	carne	karné
vin	vino	binô
vinaigre	vinagre	binagré
volaille	ave (de corral)	abé (dé kôrral)

Qu'y a-t-il au menu?

Nous avons établi notre carte selon l'ordre habituel des plats. Sous chaque titre, vous trouverez une liste alphabétique des mets en espagnol avec leurs équivalents en français. Cette liste, qui comprend les plats courants comme les spécialités, vous permettra de tirer le meilleur parti de la carte des restaurants que vous fréquenterez.

Voici notre guide gastronomique. Passez directement aux plats par lesquels vous voulez commencer.

	Page
Hors-d'œuvre – Entrées	43
Salades	46
Potages	46
Mets à base d'œufs	47
Paella	48
Poissons et fruits de mer	48
Viandes	50
Volaille et gibier	51
Légumes	53
Fromages	54
Fruits	55
Desserts	56
Boissons alcoolisées	58
Autres boissons	63
Repas légers – Collations	64

Vous ne parcourrez certainement pas toutes les étapes du menu. Lorsque vous en aurez assez, dites:

| Je suis servi(e), merci. | **Nada más, gracias.** | nada mas graθias |

L'Espagne vous propose une gastronomie très variée. Partez donc à la découverte des spécialités régionales, mais souvenez-vous que, pour devenir un fin gourmet, il faut se garder d'être trop gourmand.

Hors-d'œuvre – Entrées

Les *tapas* (**ta**pas – hors-d'œuvre) occupent une grande place dans la cuisine espagnole. On les grignote généralement à l'heure de l'apéritif. Ils vont des simples plats d'olives aux crevettes grillées ou au calmar mariné.

RESTAURANT

Je voudrais un hors-d'œuvre.	Quisiera unas tapas.	kissiéra ounas tapas
Que me recommandez-vous?	¿Qué me aconseja?	ké mé akônsékha
aceitunas (rellenas)	aθéitounas (rélyénas)	olives (farcies)
aguacate	agouakaté	avocat
alcachofas	alkatchôfas	artichauts
almejas	almékhas	palourdes
a la marinera	a la marinéra	à la sauce paprika
anchoas	anntchôas	anchois
anguila (ahumada)	annghila aoumada	anguille (fumée)
arenque (ahumado)	arénké aoumadô	hareng (fumé)
calamares	kalamarés	calmars
a la romana	a la romana	frits
callos	kalyôs	tripes (souvent avec une sauce au paprika)
cangrejos	kanngrékhôs	crabes
carabineros	karabinérôs	sorte de langoustines
caracoles	karakôlés	escargots
cigalas	θigalas	langoustines
champiñones	tchammpignônés	champignons
chorizo	tchôriθô	saucisse de porc pimentée à l'ail et au paprika
entremeses variados	éntréméssés bariadôs	hors-d'œuvre variés
espárragos (puntas de)	ésparragôs (pountas dé)	asperges (pointes d')
fiambres	fiammbrés	viande froide
gambas	gammbas	crevettes
a la plancha	a la planntcha	grillées
al ajillo	al akhilyô	à l'ail
higaditos de pollo	igaditôs dé polyô	foie de volaille
huevos duros	ouébôs dourôs	œufs durs
jamón	khamôn	jambon
en dulce	én doulθé	cuit au vin blanc
serrano	sérranô	cru
langosta	lanngôsta	langouste
langostinos	lanngôstinôs	langoustines
mejillones	mékhilyônés	moules
melón	mélôn	melon
moluscos	môlouskôs	mollusques

ostras	ôstras	huîtres
palitos de queso	palitôs dé késsô	bâtons au fromage
pepinillos	pépinilyôs	cornichons
pepino	pépinô	concombre
percebes	pérθébés	pousse-pied
pimientos	pimiéntôs	poivrons
quisquillas	kiskilyas	crevettes
rábanos	rabanôs	radis
salchichón	saltchitchôn	salami
salmón (ahumado)	salmôn (aoumadô)	saumon (fumé)
sardinas	sardinas	sardines
zumo de fruta	θoumô dé frouta	jus de fruit
pomelo/naranja	pômélô/narannkha	pamplemousse/orange
piña/tomate	pigna/tômaté	ananas/tomate

Si vous êtes d'humeur plus ambitieuse, essayez les *palitos* (palitôs): jambon, fromage, foie gras, anchois fumés, truite ou anguille fumée, tout cela adroitement enfilé sur une longue brochette. Ou peut-être vous laisserez-vous tenter par ceci:

albóndigas (albôndigas) — boulettes de viande épicée

banderillas (banndérilyas) — semblables aux *palitos*, mais avec des cornichons

buñuelitos (bougnouélitôs) — petits beignets au jambon, au poisson, ou à toutes sortes d'autres farces

empanadillas (émpanadilyas) — petits chaussons farcis de viande ou de poisson et de condiments

pinchos, pinchitos (pinntchôs, pinntchitôs) — champignons et rognons grillés servis sur des brochettes métalliques

tartaletas (tartalétas) — tartelettes garnies de mille et une manières

Salades

Quelles sortes de salades avez-vous?	¿Qué clase de ensaladas tienen?	ké klassé dé énsaladas tiénén
Pouvez-vous nous recommander une spécialité locale?	¿Puede aconsejarnos una especialidad local?	pouédé akônsékharnôs ouna éspéθialidad lokal

ensalada	ensalada	salade
de gambas	dé gambas	de crevettes
de lechuga	dé létchouga	de laitue
de patata	dé patata	de pommes de terre
de pepino	dé pépinô	de concombre
de tomate	dé tômaté	de tomates

Potages et soupes

En Espagne, la soupe est sans aucun doute le plus populaire des premiers plats. Il en existe une grande variété, allant de la simple *sopa de ajo* (**sô**pa dé a**kh**ô) à la plantureuse *sopa de mariscos* (**sô**pa dé ma**ris**kôs). Voici quelque-unes des soupes que vous trouverez certainement au menu lors de votre voyage:

cocido (madrileño)	koθidô madriléqnô	pot-au-feu à base de pois chiches
consomé al jerez	kônsômé al khéréθ	consommé de poulet au xérès
sopa de ajo	sôpa dé akhô	pain frit, paprika, ail
sopa de arroz	sôpa dé arrôθ	soupe au riz
sopa de cangrejos	sôpa dé kanngrékhôs	potage aux crabes
sopa de cebolla	sôpa dé θébôlya	soupe à l'oignon
sopa de espárragos	sôpa dé ésparragôs	crème d'asperges
sopa de fideos	sôpa dé fidéôs	potage aux vermicelles
sopa juliana	sôpa khouliana	julienne
sopa de mariscos	sôpa dé mariskôs	potage aux coquillages
sopa de patatas	sôpa dé patatas	potage aux pommes de terre
sopa de pescado	sôpa dé péskadô	soupe de poissons
sopa de tomate	sôpa dé tômate	velouté à la tomate

sopa de tortuga	sôpa dé tortouga	consommé à la tortue
sopa de verduras	sôpa dé bérdouras	potage aux légumes verts

caldo gallego (kaldô galyégô)	soupe au jambon, au lard, au *chorizo* et aux légumes
gazpacho (gaθpatchô)	soupe froide de légumes crus (tomate, concombre, piments doux, ail).. S'accompagne ou non de pain grillé

Mets aux œufs – Omelettes

Les *tortillas* (tôrtilyas – omelettes) espagnoles se servent de deux manières: «à la française» (roulées) ou «à l'espagnole» (en forme de galettes). Voici quelques-uns des plats aux œufs les plus courants que vous trouverez très probablement au menu:

huevos a la flamenca (ouébôs a la flaménka)	au four avec tomates, oignons et tranches de jambon, le tout frit à l'huile; souvent garnis de pointes d'asperges, de poivrons rouges ou de tranches de *chorizo* frit
al nido (al nidô)	«œufs au nid»; jaunes d'œufs dans de petits pains mollets frits et recouverts de blanc d'œuf
al trote (al trôté)	œufs durs farcis de thon et nappés de mayonnaise
revueltos al pisto (rébouéltôs al pistô)	œufs brouillés aux légumes

tortilla	tôrtilya	omelette
de alcachofa	dé alkatchôfa	aux artichauts
de cebolla	dé θébôlya	aux oignons
de espárragos	dé ésparragôs	aux asperges
gallega	galyéga	omelette aux pommes de terre, jambon, poivrons et petits pois
de jamón	dé khamôn	au jambon
paesana	paéssana	avec des pommes de terre, petits pois et crevettes

RESTAURANT

de patatas	dé patatas	aux pommes de terre
de queso	dé késsō	au fromage
al ron	al rôn	au rhum
de setas	dé sétas	aux champignons

Paella

La *paella* (paélya) est sans conteste le plat espagnol le plus connu à l'étranger. Son nom vient de la poêle de métal traditionnellement utilisée, dans la province de Valence, pour préparer les plats de riz.

La *paella* est généralement faite de riz au safran garni de viande, de poisson, de fruits de mer et de légumes. Voici quatre des *paellas* les plus populaires:

catalana (katalana)	saucisses de porc (*chorizos*), filet de porc, calmars, tomates, poivrons rouges, petits pois
marinera (marinéra)	poissons et fruits de mer uniquement
valenciana (balénθiana)	poulet, crevettes, moules, calmars, tomates, poivrons, ail. C'est la *paella* classique
zamorana (θamôrana)	jambon, filet de porc, pieds de porc, poivrons rouges

Un autre plat au riz, baptisé *arroz a la cubana* (arrôθ a la koubana) est fait de riz blanc, d'œufs frits, de bananes et d'une savoureuse sauce tomate.

Poissons et fruits de mer

Ne manquez pas de goûter aux fruits de mer et aux poissons frais qu'offre en abondance le littoral espagnol.

Je voudrais du poisson.	**Quisiera pescado.**	kissiéra péskadô

Quelle sorte de fruits de mer avez-vous?	¿Qué tipo de mariscos tiene usted?	ké tipô dé mariskôs tiéné oustéd
almejas	almékhas	palourdes
anchoas	anntchôas	anchois
anguilas	annghilas	anguilles
arenques	arénkés	harengs
atún	atoun	thon
bacalao	bakalaô	morue
besugo	béssougô	daurade
bonito	bônitô	espèce de thon
boquerones	bôkérônés	anchois
caballa	kabalya	maquereau
calamares	kalamarés	calmars
cangrejo	kanngrékhô	crabe
cigalas	θigalas	langoustines
congrio	kôngrio	congre
chipirones	tchipirônés	encornets
escarcho	eskartchô	grondin
lampresas	lammpréssas	lamproies
langosta	lanngôsta	langouste
langostinos	lanngôstinôs	langoustines
lenguado	léngouadô	sole
merluza	mérlouθa	colin
moluscos	môlouskôs	mollusques
mújol	moukhôl	mulet
ostras	ôstras	huîtres
perca	pérka	perche
percebes	pérθébés	pousse-pied
pescadilla	péskadilya	merlan
pez espada	péθ éspada	espadon
pulpitos	poulpitôs	petits poulpes
pulpo	poulpô	poulpe
quisquillas	kiskilyas	crevettes
rape	rapé	baudroie
rodaballo	rôdabalyô	turbot
salmón	salmôn	saumon
salmonete	salmônété	rouget
sardinas	sardinas	sardines
trucha	troutcha	truite
vieiras	biéiras	coquille St-Jacques

Essayez aussi, si vous traversez la Catalogne, l'excellente *zarzuela* (θarθouéla) à base de poissons, d'épices et de fruits de mer.

bouilli	**cocido**	kôθidô
cru	**crudo**	kroudô
cuit à la vapeur	**cocido al vapor**	kôθidô al bapôr
au four	**al horno**	al ôrnô
frit	**frito**	fritô
fumé	**ahumado**	aoumadô
au grill	**a la parrilla**	a la parrilya
mariné	**en escabeche**	én éskabétché
poché	**hervido**	érbidô

Viande

Bien que le bœuf ne soit ni aussi abondant ni aussi tendre que chez nous, on trouve d'excellents *solomillos* (sôlô-**mil**yôs) qui s'apparentent à nos biftecks. Les jeunes agneaux et les cabris sont également très recherchés. Dans les montagnes en effet, ces animaux mangent du thym et du romarin, ce qui donne une saveur unique à leur chair.

Je voudrais ...	**Quisiera ...**	kissiéra
agneau	**carne de cordero**	karné dé kôrdérô
bœuf	**carne de buey**	karné dé bouéi
porc	**carne de cerdo**	karné dé θérdô
veau	**carne de ternera**	karné dé térnéra
biftec	bifték	beefsteak
cabrito	kabritô	chevreau
carnero	karnérô	mouton
corazón	kôraθôn	cœur
criadillas	kriadilyas	ris de veau
chuletas	tchoulétas	côtelettes
hígado	igadô	foie
jamón	khamôn	jambon
lechón	létchôn	cochon de lait
morcilla	môrθilya	boudin
paletilla	palétilya	épaule
pata	pata	pied
pierna	piérna	gigot
rabo de buey	rabô dé bouéi	queue de bœuf
riñones	rignônés	rognons
salchicha	saltchitcha	saucisse

sesos	séssôs	cervelle
solomillo	sôlômilyô	filet
de buey	dé bouéï	de bœuf
de cerdo	dé θérdô	de porc
tocino	tôθinô	lard
toro de lidia	tôrô dé lidia	viande de taureau de corrida

callos a la madrileña (kalyôs a la madrilégna)	tripes accompagnées d'une sauce relevée, de saucisse épicée et de tomates
empanada gallega (émpanada galyéga)	pâté fait de filet de porc, d'oignons et de poivrons
pimientos a la riojana (pimiéntôs a la riôkhana)	poivrons doux farcis de viande hachée
riñones al jerez (rignōnés al khéréθ)	rognons cuits dans du xérès

Volaille et gibier

Le poulet est populaire dans toute l'Espagne. On trouve du gibier à plume dans la plupart des régions.

Je voudrais du gibier.	**Quisiera caza.**	kissiéra kaθa
Quelle sorte de volaille servez-vous?	**¿Qué tipo de ave tiene usted?**	ké tipô dé abé tiéné oustéd
capón	kapôn	chapon
codorniz	kôdôrniθ	caille
conejo	kônékhô	lapin
faisán	faïssann	faisan
ganso	gannsô	oie
higaditos de pollo	igaditôs dé pôlyô	foie de volaille
liebre	liébré	lièvre
pato	patô	canard
pavo	pabô	dindon
perdíz	pérdiθ	perdrix
pichón	pitchôn	pigeon
pollo	pôlyô	poulet
muslo de pollo	mouslô dé pôlyô	cuisse de poulet
pechuga de pollo	pétchouga dé pôlyô	poitrine de poulet
pollo asado	pôlyô assadô	poulet rôti
pollo a la brasa	pôlyô a la brassa	poulet grillé
venado	bénadô	cerf

conejo al ajillo lapin à l'ail
(kônékhô al akhilyô)

menestra dé pollo potage au poulet et aux légumes
(ménéstra dé pôlyô)

perdices estofadas perdrix servies avec une sauce au vin blanc
(pérdiθés éstôfadas)

Comment aimez-vous votre viande?

braisée	**estofada**	éstôfada
cuite dans son jus	**en su jugo**	én sou khougô
à l'étouffée	**estofada**	éstôfada
frite	**frita**	frita
au gril	**a la parrilla**	a la parrilya
en ragoût	**en salsa**	én salsa
rôtie	**al horno**	al ôrnô
sautée	**salteada**	saltéada
saignante	**poco hecha**	pôkô étcha
à point	**regular**	régoular
bien cuite	**muy hecha**	mouï étcha

Sauces

Un grand nombre de mets sont servis accompagnés de sauces légères. En voici quelques-unes:

a la catalana sauce à la tomate et aux poivrons verts
(a la katalana)

a la Vasca persil, petits pois, ail; accompagne le
(a la baska) poisson au Pays basque

en escabeche sauce aigre-douce
(én éskabétché)

salsa allioli aïoli
(salsa alyiôli)

salsa romesco poivrons verts, piments, ail; très populaire
(salsa rôméskô) sur la côte proche de Tarragone

Légumes

Voici un savoureux plat de légumes que vous apprécierez certainement. Il accompagne en général le poulet rôti ainsi que d'autres viandes grillées.

pisto
(pistô)
macédoine de poivrons verts, d'oignons, de tomates et de courgettes: les Catalans la nomment *samfaina* (sammfaïna). Vous la trouverez aussi sous le nom de *frito de verduras* (**fri**tô dé **bér**douras)

achicoria	atchi**kô**ria	chicorée
ajo	a**khô**	ail
alcachofas	alka**tchô**fas	artichauts
alcaparras	alka**par**ras	câpres
apio	a**piô**	céleri
arroz	ar**rô**θ	riz
batatas	ba**ta**tas	patates douces
berenjena	bérén**khé**na	aubergine
calabacín	kalaba**θïnn**	courgette
cebolla	θé**bô**lya	oignon
coles de Brusselas	**kô**lés dé brous**sé**las	choux de Bruxelles
coliflor	koli**flôr**	chou-fleur
champiñones	tchammpi**gnô**nés	champignons
escarola	éska**rô**la	scarole
espárragos	és**par**ragôs	asperges
espinacas	éspi**na**kas	épinards
garbanzos	gar**bann**θôs	pois chiches
guindilla	ghinn**di**lya	piment fort
guisantes	ghi**ssann**tés	petits pois
habas	**a**bas	fèves
judías blancas	khou**di**as **blann**kas	haricots blancs
judías verdes	khou**di**as **bér**dés	haricots verts
lechuga	lé**tchou**ga	laitue
lentejas	lén**té**khas	lentilles
lombarda	lôm**bar**da	chou rouge
maíz	ma**ï**θ	maïs
patatas	pa**ta**tas	pommes de terre
pepinillos	pépi**ni**lyôs	cornichons
pepino	pé**pi**nô	concombre
perejil	péré**khil**	persil
pimientos morrones	pi**mién**tôs môr**rô**nés	poivrons rouges doux
puerros	pou**érr**ôs	poireaux
rábanos	**ra**banôs	radis

remolacha	rémôlatcha	betterave
repollo	répôlyô	chou
tomates	tômatés	tomates
trufas	troufas	truffes
zanahorias	θanaorias	carottes

Fromages

Vous obtiendrez rarement un plateau de fromages dans un restaurant, mais l'Espagne en produit de fort variés et de fort savoureux. Essayez donc ceux-ci...

burgos
(bourgôs)
un fromage populaire, tendre et crémeux, du nom de sa province d'origine

cabrales
(kabralés)
un fromage de chèvre, à peu près semblable au roquefort. Sa saveur varie selon la région montagneuse où il est fabriqué

cebrero
(θébrérô)
fromage veiné et crémeux avec une croûte jaune pâle; saveur forte

manchego
(manntchégô)
ce fromage de brebis, à pâte dure, originaire de La Mancha, est particulièrement nourrissant. Il est pressé et mis à mûrir dans des moules garnis d'*esparto* (és**part**ô), plante dont les feuilles s'impriment sur la croûte. Il est de qualité variable, mais on dit que le meilleur *manchego* vient de Ciudad Real. De couleur blanche ou jaune doré

perilla
(périlya)
un fromage ferme et doux, fait de lait de vache; parfois appelé *teta* (**té**ta)

roncal
(rônkal)
un des fromages les plus réputés du nord de l'Espagne. Il est pressé à la main, salé et fumé – procédé qui donne à la croûte l'apparence du cuir. Saveur forte, à pâte dure et au grain fin avec de petits yeux; fait de lait de brebis

villalón
(bilyalôn)

tiré d'un lait de brebis que l'on fait cailler en deux ou trois heures; le caillé est ensuite égoutté dans de petits sachets appelés *fardeles* (fard**é**lés). Il est alors pressé dans des moules de bois, salé et lavé

Fruits

Avez-vous des fruits frais?	¿**Tiene usted fruta fresca?**	tié**né** oust**é**d fr**o**uta fr**é**ska
Je voudrais une salade de fruits (frais).	**Quisiera una ensalada de fruta (fresca).**	kissi**é**ra ouna énsalada d**é** fr**o**uta (fr**é**ska)
albaricoques	albarik**ô**kés	abricots
almendras	alm**é**ndras	amandes
avellanas	abélyanas	noisettes
castañas	kastagnas	châtaignes
cerezas	θér**é**θas	cerises
ciruelas	θirou**é**las	prunes
coco	k**ô**kô	noix de coco
dátiles	datilés	dattes
frambuesas	frammbou**é**ssas	framboises
fresas	fr**é**ssas	fraises
granadas	granadas	grenades
grosellas	grôss**é**lyas	groseilles
higos	ig**ô**s	figues
lima	lima	lime
limón	lim**ô**n	citron
mandarina	manndarina	mandarine
manzana	mannθana	pomme
melocotón	mélôk**ô**t**ô**n	pêche
melón	mél**ô**n	melon
naranja	narannkha	orange
nueces	nou**é**θés	noix
nueces variadas	nou**é**θés bariadas	noix assorties
pasas	passas	raisins secs
pera	p**é**ra	poire
piña	pigna	ananas
plátano	platan**ô**	banane
pomelo	p**ô**m**é**l**ô**	pamplemousse
ruibarbo	rouïbarb**ô**	rhubarbe
sandía	sanndia	pastèque
uvas	oubas	raisins

RESTAURANT

Dessert

Après avoir fait honneur à tous les plats, vous désirez peut-être un dessert. Voici comment le commander :

Je voudrais un dessert.	**Quisiera un postre.**	kissiéra oun pôstré
Quelque chose de léger, s.v.p.	**Algo ligero, por favor.**	algô likhérô pôr fabôr
Une petite portion, s.v.p.	**Una ración pequeña, por favor.**	ouna raθiôn pékégna pôr fabôr

Si vous ne savez que choisir, demandez au garçon :

Qu'offrez-vous comme dessert ?	**¿Qué tiene de postre?**	ké tiéné dé pôstré
Que me recommandez-vous ?	**¿Qué me aconseja?**	ké mé akônsékha
arroz con leche	arrôθ kôn létché	riz au lait
bizcocho	biθkôtchô	gâteau de Savoie
crema catalana	kréma katalana	entremets au caramel
flan	flann	flan
fritos	fritôs	beignets
galletas	galyétas	biscuits
helado	éladô	glace
de chocolate	dé tchôkôlaté	au chocolat
de fresa	dé fréssa	à la fraise
de vainilla	dé bainilya	à la vanille
mantecado	manntékadô	glace à la crème
mazapán	maθapann	massepain
melocotón en almíbar	mélôkôtôn én almibar	pêche au sirop
membrillo	mémbrilyô	tarte aux coings
merengue	mérénghé	meringue
pastas	pastas	gâteaux secs
pastel	pastél	gâteau
pastel de queso	pastél dé késsô	gâteau au fromage
tarta de almendras	tarta dé alméndras	tarte aux amandes
tarta de manzana	tarta dé mannθana	tarte aux pommes
tarta de moka	tarta dé môka	biscuit-moka
tarta helada	tarta élada	biscuit glacé
turrón	tourrôn	nougat
tortitas	tôrtitas	crêpes

L'addition

Je voudrais payer.	**Quisiera pagar.**	kissiéra pagar
Nous voudrions payer séparément.	**Quisiéramos pagar separadamente.**	kissiéramôs pagar séparadaménté
Je crois que vous vous êtes trompé dans l'addition.	**Me parece que se ha equivocado usted en la cuenta.**	mé paréθé ké sé a ékibôkadô oustéd én la kouénta
Que représente ce montant?	**¿Qué representa esta cantidad?**	ké répréssénta ésta kanntidad
Le service est-il compris?	**¿Está incluído el servicio?**	ésta innklouidô él sérbiθiô
Tout est-il compris?	**¿Está todo incluído?**	ésta tôdô innklouidô
Acceptez-vous les chèques de voyage?	**¿Acepta usted los cheques de viaje?**	aθépta oustéd los tchékés de biakhé
Merci. Voici pour vous.	**Gracias. Esto es para usted.**	graθias éstô és para oustéd
Merci. C'était un excellent repas.	**Gracias. Ha sido una comida excelente.**	graθias a sidô ouna kômida eksθélénté
Nous avons apprécié ce repas. Merci.	**Nos ha gustado. Gracias.**	nôs a goustadô. graθias

> **SERVICIO INCLUIDO**
> SERVICE COMPRIS

Réclamations

Peut-être avez-vous une réclamation à formuler ...

Ce n'est pas ce que j'ai commandé. J'ai demandé ...	**Esto no es lo que he pedido. He pedido ...**	éstô nô és lô ké é pédidô. é pédidô
Puis-je avoir autre chose?	**¿Puede cambiarme esto?**	pouédé kammbiarmé éstô

POUR LES POURBOIRES, voir page 1

RESTAURANT

La viande est …	**Esta carne está…**	ésta karné ésta
trop cuite	**demasiado hecha**	démassiadô étcha
pas assez cuite	**demasiado cruda**	démassiadô krouda
Ceci est trop …	**Esto está demasiado…**	éstô ésta démassiadô
amer/salé/doux	**amargo/salado/dulce**	amargô/saladô/doulθé
La nourriture est froide.	**La comida está fría.**	la kômida ésta fria
Ceci n'est pas frais.	**Esto no está fresco.**	éstô nô ésta fréskô
Pourquoi tarde-t-on autant?	**¿Por qué se demora tanto?**	pôr ké sé démôra tanntô
Où sont nos boissons?	**¿Dónde están nuestras bebidas?**	dôndé éstann nouéstras bébidas
Ce n'est pas propre.	**Esto no está limpio.**	éstô nô ésta limmpiô
Voulez-vous appeler le maître d'hôtel?	**¿Quiere decirle al jefe que venga?**	kiéré déθirlé al khéfé ké bénga

Boissons

Apéritifs

La plupart des Espagnols aiment à prendre un apéritif avant le repas. Ils choisissent généralement un *vermút* (bér**mou** – vermouth) ou un *jerez* (khér**é**θ – xérès). Le vermouth se boit avec de la glace et de l'eau gazeuse. Les xérès favoris sont l'*amontillado* (amônti**lya**dô), vin généreux d'une belle couleur ambrée qui se bonifie avec l'âge, et la *manzanilla* (mannθa**ni**lya) pâle, aromatique et légère, qui peut également accompagner les fruits de mer dont elle rehausse la saveur. D'autres Espagnols se contentent d'un simple verre du vin local. Une assiette d'olives agrémente souvent ces apéritifs. Vous pourrez commander, dans les bars offrant des *tapas*, d'autres amuse-gueule.

Vin

L'Espagne compte parmi les grands producteurs européens de vin et vous aurez certainement grand plaisir à goûter aux *tintos* (**tinn**tôs – rouges), *blancos* (**blann**kôs – blancs) et aux *claretes* (kla**ré**tés – rosés) qui charmeront votre palais.

Parmi les fameux vins de la région de Rioja, vallée fertile le long de l'Ebre et dont Logroño est le centre, on remarque surtout le *Rioja Alta* (ri**ô**kha **al**ta), un rouge bouqueté qui se bonifie avec l'âge, et le *Rioja Alavesa* (ri**ô**kha ala**bé**ssa) à l'arôme fort prononcé.

Les vins catalans, qui pourraient paraître inoffensifs vu leur degré d'alcool relativement bas, offrent le *priorato* (prio**ra**tô) au bouquet très fin, ainsi qu'un blanc léger et agréable, l'*atella* (a**tél**ya). Nous n'oublions pas les muscats fruités, comme le *Moscatel* (môska**tél**) et le *Pedro Ximenez* (**pé**drô khi**mé**néθ).

Quant à l'Andalousie, terre de contrastes, où les villages blancs éclairent les collines plantées d'oliviers, elle produit le fameux xérès ou sherry. Cet excellent vin de Jerez est fait d'un mélange de vendanges de plusieurs années. A un certain stade de la fermentation, il est renforcé avec du brandy. Le xérès doux tire sa saveur et sa couleur de la liqueur du vin qu'on y ajoute, alors que le xérès blanc, léger, garde son goût original.

D'autres régions d'Espagne, comme l'Aragon, la Navarre, la Nouvelle Castille, Tolède et Valdepeñas, produisent également des vins de qualité que nous vous conseillons de goûter sur place.

En général, le vin blanc s'accorde mieux avec le poisson et la viande blanche comme le veau et le poulet; le vin rouge avec le bœuf et l'agneau, etc. Le tableau de la page suivante vous aidera peut-être dans votre choix d'un bon vin d'accompagnement.

RESTAURANT

Type de vin	Exemples	Accompagne
vin blanc doux	*moscatel*	les desserts, les crèmes, les gâteaux, le riz au lait, les biscuits
vin blanc, sec et léger	un grand nombre de vins locaux entrent dans cette catégorie; la plupart des *Rioja* comme le *Monopole*	le poisson, les fruits de mer, les *tapas*, la viande froide, la viande bouillie et les mets aux œufs tels que les *tortillas*
rosé	*López de Heredia, Marqués de Murieta*	peut accompagner presque tous les plats, mais plus spécialement les repas froids, les œufs, le porc, l'agneau et la *paella*
vin rouge léger	la plupart des vins régionaux font partie de ce groupe: *Viña Pomal* ou le *Priorato Reserva Especial* de Catalogne	le poulet rôti, la dinde, le veau, l'agneau, les viandes saignantes, le jambon, le foie, les cailles, les faisans, les ragoûts, les *zarzuelas*, les *paellas* et les *tortillas*
vin rouge corsé	quelques vins rouges de Tarragone, Alicante et la Rioja peuvent être classés dans cette catégorie	le canard, l'oie, les rognons, le gibier, quelques fromages comme le *cabrales*; en bref, toutes les préparations à forte saveur
vins mousseux	*Xampán* ou *Codorníu*	complètent parfaitement les desserts; s'il s'agit d'un champagne vraiment sec, vous pouvez le boire comme apéritif, ou avec des coquillages, des amandes ou des fruits secs

Je voudrais ... de ...	Quisiera ... de ...	kissiéra... dé
carafe	una jarrita	ouna kharrita
bouteille	una botella	ouna bôtélya
demi-bouteille	media botella	média bôtélya
litre	un litro	oun litrô
verre	un vaso	oun bassô
petit verre	un vasito	oun bassitô
Je désire une bouteille de vin blanc/rouge.	Quiero una botella de vino blanco/tinto.	kiérô ouna bôtélya dé binô blannkô/tinntô

Si vous avez apprécié le vin, vous pouvez dire :

S.v.p., apportez-moi un/une autre ...	Traígame otro/otra ...por favor.	traïgamé ôtrô/ôtra ... pôr fabôr
D'où vient ce vin ?	¿De dónde viene este vino ?	dé dôndé biéné ésté binô

blanc	blanco	blannkô
rosé	clarete	klarété
rouge	tinto	tinntô
corsé	de cuerpo	dé kouérpô
doux	dulce	doulθé
léger	liviano	libianô
pétillant	espumoso	éspoumôssô
sec	seco	sékô
très sec	muy seco	moui sékô

Autres boissons alcoolisées

Les cafés et les bars des grandes villes et des centres touristiques offrent généralement un bon choix de bières domestiques ou étrangères, ainsi que des vins et des liqueurs. En dehors des chemins battus cependant, les liqueurs sont de fabrication locale. Ne vous attendez pas à trouver des boissons exotiques dans une petite *posada*.

Bien que la bière espagnole ne soit pas de classe internationale, vous pouvez néanmoins essayer une *Aguila especial* (**a**ghila éspé**θ**ial) ou une *San Miguel especial* (sann mi**ghél** éspé**θ**ial).

anisette	**anís**	anis
apéritif	**aperitivo**	apéritibô
bière	**cerveza**	θérbé**θ**a
Bourbon	**Borbón**	bôrbôn
cidre	**sidra**	sidra
cognac	**coñac**	kôgnak
cordial	**licor**	likôr
gin	**ginebra**	khinébra
gin-fizz	**ginebra con limón**	khinébra kôn limôn
gin-tonic	**ginebra con tónica**	khinébra kôn tônika
liqueur	**licor**	likôr
porto	**vino de Oporto**	binô dé ôpôrtô
rhum	**ron**	rôn
Scotch	**whiski escocés**	ouiski éskô**θ**és
sherry	**jerez**	khéré**θ**
vodka	**vodka**	bôdka
whisky	**whisky**	ouiski
whisky-soda	**whisky con seltz**	ouiski kôn **s**éltz
xérès	**jerez**	khéré**θ**

bouteille	**una botella**	ouna botélya
verre	**un vaso**	oun bassô
double	**doble**	dôblé
simple	**sencillo**	sén**θ**ilyo
avec de la glace	**con hielo**	kôn iélô
pur	**solo**	sôlô

RESTAURANT

Si vous aimez savourer un cognac après le dîner, essayez un *Fundador* (founda**dôr**) ou un *Carlos III* (**kar**lôs tér**θ**éro). Parmi les fines liqueurs que fabriquent les Espagnols, la *Licor 43* (li**kôr** kouaréntaï**trés**), le *Calisay* (kalissaï) ou l'*Aromas de Montserrat* (a**rômas** dé môntsé**rrat**) sont au nombre des meilleures.

Je voudrais un verre de ...	**Quisiera un vaso de...**	kissiéra oun bassô dé
Avez-vous une spécialité locale ?	**¿Tiene alguna especialidad local?**	tiéné algouna éspéθialidad lôkal
S.v.p., apportez-moi un/une ... de ...	**Tráigame un/una ... de...por favor.**	traïgamé oun/ouna ... dé ... pôr fabôr

Vous ne quitterez certainement pas l'Espagne sans goûter à la merveilleuse *sangria* (sann**gri**a) que l'on connaît maintenant dans le monde entier. Que vous soyez à Grenade, Séville ou Barcelone, vous pourrez vous rafraîchir grâce à elle dans les bars ou sur les terrasses. Voici l'une des façons de la préparer qui vous rappellera peut-être le soleil d'Espagne lorsque vous en aurez la nostalgie : 1 l. de vin rouge ordinaire – 1 citron coupé – 1 orange coupée – 1 bâton de cannelle – 1 dl. d'eau gazeuse – 1 dl. de cognac – 50 gr. de sucre.

¡SALUD!
(saloud)
SANTÉ !

Autres boissons

Je voudrais ...	**Quisiera...**	kissiéra
café	**un café**	oun kafé
crème	**cortado**	kôrtadô
expresso	**exprés**	éksprés
au lait	**con leche**	kôn léché
noir	**solo**	sôlô
sans caféine	**descafeinado**	déskaféinado
eau minérale	**agua mineral**	agoua minéral
frappé	**un batido**	oun batidô
jus de fruits	**un jugo de fruta**	oun khougô dé frouta
ananas/citron	**piña/limón**	pigna/limôn
pamplemousse/ pomme	**pomelo/ manzana**	pômélô/mannθana
orange/tomate	**naranja/tomate**	narannkha/tômaté

lait	**leche**	létché
limonade	**una limonada**	ouna limônada
orangeade	**una naranjada**	ouna narannkhada
soda	**un soda**	oun sôda
thé	**té**	té
avec lait/citron	**con leche/con limón**	kôn létché/kôn limôn
thé glacé	**un té helado**	oun té éladô
tonique	**una tónica**	ouna tônika

Repas légers – Collations

Je voudrais un de ceux-ci, s.v.p.	**Déme uno de éstos, por favor.**	démé ounô dé éstôs pôr fabôr
Donnez-moi deux de ceux-ci et un de ceux-là, s.v.p.	**Déme dos de éstos y uno de ésos, por favor.**	démé dôs dé éstôs i ounô dé éssôs pôr fabôr
à gauche/à droite	**a la izquierda/a la derecha**	a la iθkiérda/a la dérétcha
au-dessus/en-dessous	**encima/debajo**	énθima/débakhô
Donnez-moi ... s.v.p.	**Déme...por favor.**	démé ... pôr fabôr
beurre	**mantequilla**	manntékilya
biscuits	**unas pastas**	ounas pastas
bonbons	**unos caramelos**	ounôs karamélôs
chocolat (tablette)	**una chocolatina**	ouna tchôkôlatina
galettes	**unas galletas**	ounas galyétas
gâteau	**un pastel**	oun pastél
glace	**un helado**	oun éladô
moutarde	**mostaza**	môstaθa
pain	**pan**	pann
petits pains	**unos panecillos**	ounôs panéθilyôs
poivre	**la pimienta**	la pimiénta
salade	**una ensalada**	ouna énsalada
sel	**la sal**	la sal
sucre	**azúcar**	aθoukar
toasts	**unas tostadas**	ounas tôstadas
vinaigre	**el vinagre**	él binagré
Combien est-ce?	**¿Cuánto cuesta?**	kouanntô kouésta

Excursions

En avion

Nous serons brefs, car dans n'importe quel aéroport vous trouverez certainement quelqu'un qui parle français. Voici tout de même quelques expressions que vous voulez peut-être connaître …

Parlez-vous français?	¿Habla usted francés?	abla oustéd frannθés
Y a-t-il un vol pour …?	¿Hay un vuelo para …?	aï oun bouélô para
Quand part le prochain avion pour …?	¿Cuándo sale el próximo avión para …?	kouanndô salé él prôksimô abiôn para
Puis-je avoir une correspondance pour …?	¿Puedo hacer una conexión para …?	pouédô aθér ouna kônéksiôn para
Je voudrais un billet pour …	Quisiera un billete para …	kissiéra oun bilyété para
Combien coûte un billet pour …?	¿Cuál es el precio para …?	koual és él préθiô para
aller	ida	ida
aller et retour	ida y vuelta	ida i bouélta
A quelle heure l'avion décolle-t-il?	¿A qué hora sale el avión?	a ké ôra salé él abiôn
A quelle heure dois-je me présenter à l'enregistrement?	¿A qué hora tengo que despachar el equipaje?	a ké ôra téngô ké déspatchar él ékipakhé
Quel est le numéro du vol?	¿Cuál es el número del vuelo?	koual és él nouméro dél bouélô
A quelle heure arrivons-nous?	¿A qué hora llegamos?	a ké ôra lyégamôs

LLEGADA	SALIDA	AJUSTESE LOS CINTURONES
ARRIVÉE	DÉPART	ATTACHEZ VOS CEINTURES

En train

Société nationalisée, la Red Nacional de los Ferrocarriles Españoles (R.E.N.F.E. – **rén**fé) exploite le réseau ferroviaire intérieur. Les trains luxueux, internationaux ou non, desservant les grandes lignes, comme le *Talgo* et le *Ter*, jouissent d'une réputation flatteuse. (La réservation est obligatoire sur presque tous les trains espagnols.)

Types de trains

Talgo, Ter (talgô, tér)		Trains de luxe automoteurs; 1re et 2e classes, avec supplément
Expreso, Rápido (ékspréssô, râpido)		Trains directs (express); en service sur les grandes lignes, ils ne s'arrêtent que dans les gares principales.
Omnibus, Tranvia, Automotor (ômnibous, trannvia, aoutômôtôr)		Trains omnibus (arrêts fréquents)
Coche comedor (kôtché kômédôr)		Wagon-restaurant
Coche cama (kôtché kama)		Wagons-lits à 1, 2 ou 3 couchettes par compartiment, disposant de lavabos
Litera (litéra)		Couchette (avec draps, couvertures et oreillers)

A la gare

Où se trouve la gare?	¿Dónde está la estación?	dôndé ésta la éstaθiôn
Taxi, s.v.p.!	¡Taxi, por favor!	taksi pôr fabôr
Conduisez-moi à la Gare du Nord, s.v.p.	Lléveme a la Estación del Norte, por favor.	lyébémé a la éstaθiôn dél nôrté pôr fabôr
C'est combien?	¿Cuánto es?	kouanntô és

EXCURSIONS

Billets

Où est …?	**¿Dónde está …?**	dôndé ésta
le bureau de renseignements	**la oficina de información**	la ofiθina dé innfôrmaθiôn
le bureau de réservation	**la oficina de reservas**	la ofiθina dé réssérbas
le guichet des billets	**la taquilla**	la takilya
Je voudrais un billet aller et retour, 2ème classe, pour Vigo.	**Quisiera un billete de segunda, ida y vuelta, para Vigo.**	kissiéra oun bilyété dé ségounda ida i bouélta para bigô
Je voudrais 2 billets simple course pour Grenade.	**Quisiera 2 billetes sencillos para Granada.**	kissiéra dos bilyétés sénθilyôs para granada
Combien coûte un billet pour Cordoue?	**¿Cuánto cuesta un billete para Córdoba?**	kouanntô kouésta oun bilyété para kôrdôba
Est-ce demi-tarif pour un enfant?	**¿Pagan medio billete los niños?**	pagann médio bilyété los nignôs

Remarque : Les enfants jusqu'à 4 ans voyagent sans billet, avec des billets demi-tarif sur les lignes nationales lorsqu'ils ont de 4 à 10 ans, et sur les lignes internationales de 4 à 12 ans.

¿Primera o segunda clase?	Première ou deuxième classe?
¿Ida o ida y vuelta?	Simple course ou aller et retour?
Medio billete para los niños hasta 12 años.	Demi-tarif pour enfants jusqu'à 12 ans.
Tiene que pagar el billete entero.	Vous devez payer le plein tarif.

EXCURSIONS

Renseignements

Est-ce un train direct?	¿Es un tren directo?	és oun trén diréktô
Ce train s'arrête-t-il à...?	¿Para este tren en...?	para ésté trén én
A quelle heure part le ... train pour Alicante?	¿A qué hora sale el ... tren para Alicante?	a ké ôra salé él... trén para alikannté
premier	primero	primérô
dernier	último	oultimô
prochain	próximo	prôksimô
A quelle heure arrive le train de Burgos?	¿A qué hora llega el tren de Burgos?	a ké ôra lyéga él trén dé bourgôs
A quelle heure part le train pour Oviedo?	¿A qué hora sale el tren para Oviedo?	a ké ôra salé él trén para ôbiédô
Y a-t-il un wagon-restaurant?	¿Hay coche-restaurante?	aï kôtché réstaourannté

ENTRADA	ENTRÉE
SALIDA	SORTIE
ANDENES	QUAIS

Où est...?

Où est...?	¿Dónde está...?	dôndé ésta
bar	el bar	él bar
buffet	el buffet	él boufé
bureau des objets trouvés	la oficina de objetos perdidos	la ôfiθina dé ôbkhétôs pérdidôs
consigne	la consigna	la kônsighna
kiosque à journaux	el puesto de periódicos	él pouéstô dé périôdikôs
restaurant	el restaurante	él réstaourannté
salle d'attente	la sala de espera	la sala dé éspéra
Où sont les toilettes?	¿Dónde están los servicios?	dôndé éstann lôs sérbiθiôs

Sur le quai

De quel quai part le train pour Cadix?	¿De qué andén sale el tren para Cádiz?	dé ké anndén salé él trén para kadiθ
Sur quel quai arrive le train de Gijon?	¿A qué andén llega el tren de Gijón?	a ké anndén lyéga él trén dé khikhôn
Où est le quai 7?	¿Dónde está el andén 7?	dônndé ésta él anndén siété
Est-ce bien le quai du train pour Salamanque?	¿Es éste el andén del tren para Salamanca?	és ésté él anndén dél trén para salamannka

---

Es un tren directo.	C'est un train direct.
Tiene que cambiar en...	Vous devez changer à ...
Cambie en...y coja un ómnibus.	Changez à ... et prenez un omnibus.
El andén...está...	Le quai ... est ...
allí/arriba	là-bas/en haut
a la izquierda/derecha	à gauche/à droite
Hay un tren para...a las...	Il y a un train pour ... à ...
Su tren sale del andén...	Votre train part du quai ...
Habrá un retraso de... minutos.	Il y aura un retard de ... minutes.
El tren de Bilbao está llegando al andén...	Le train de Bilbao arrive au quai ...

EXCURSIONS

En voiture

Pardon. Puis-je passer?	Perdóneme. ¿Puedo pasar?	pérdônémé. pouédô passar
Cette place est-elle prise?	¿Está ocupado este asiento?	ésta ôkoupadô ésté assiénntô
Non, elle est libre/ Elle est occupée.	No, está libre/ Está ocupado.	nô ésta libré/ ésta ôkoupadô

C'est ma place, je crois.	**Creo que éste es mi asiento.**	kréô ké ésté és mi assiéntô
Pouvez-vous me faire signe quand nous arriverons à …?	**¿Puede avisarme antes de que lleguemos a …?**	pouédé abissarmé anntés dé ké lyéghémôs a
Comment s'appelle cette gare?	**¿Qué estación es ésta?**	ké estaθiôn és ésta
Combien de temps le train s'arrête-t-il ici?	**¿Cuánto tiempo para el tren aquí?**	kouanntô tiémpô para él trén aki
A quelle heure arriverons-nous à Bailen?	**¿Cuándo llegamos a Bailén?**	kouanndô lyégamôs a bailén

Pendant le trajet, le contrôleur (*revisor* – rébiss**ôr**) passera et dira : *Los billetes, por favor !* (lôs bi**lyé**tés pôr fa**bôr** – les billets, s.v.p. !)

> **PROHIBIDO FUMAR**
> DÉFENSE DE FUMER

Repas

Si vous désirez un repas complet au wagon-restaurant, vous demanderez un ticket au garçon qui passe dans les compartiments pour annoncer l'heure des repas. Il y a habituellement deux services pour le petit déjeuner, le déjeuner et le dîner. Spécifiez quel service vous choisissez :

Premier/Deuxième service s.v.p.	**Primero/Segundo turno, por favor.**	primérô/ségoundô tournô pôr fabôr

En wagon-lit

Y a-t-il des couchettes/compartiments libres dans le wagon-lit?	**¿Hay alguna litera/algún departamento vacío en el coche cama?**	aï algouna litéra algoun départaméntô baθiô én él kôtché kama

Où est le wagon-lit?	¿Dónde está el coche cama?	dôndé ésta él kôtché kama
Compartiments 18 et 19, s.v.p.	**Departamentos 18 y 19, por favor.**	départaméntôs diéθiôtchô i diéθinouébé pôr fabôr
Je voudrais une couchette plus basse.	**Quisiera una litera más baja, por favor.**	kissiéra ouna litéra mas bakha pôr fabôr
Pourriez-vous installer nos couchettes?	**¿Puede preparar nuestras literas?**	pouédé préparar nouéstras litéras
Réveillez-moi à 7 heures, je vous prie.	**¿Puede llamarme a las 7 de la mañana, por favor?**	pouédé lyamarmé a las siété dé la magnana pôr fabôr
Pourriez-vous m'apporter du café/thé demain matin?	**¿Puede traerme café/té por la mañana?**	pouédé traérmé kafé/té pôr la magnana

Bagages et porteurs

Pouvez-vous m'aider à porter mes valises?	**¿Puede ayudarme con mis maletas?**	pouédé aïoudarmé kôn mis malétas
Posez-les ici, s.v.p.	**Póngalas aquí, por favor.**	pôngalas aki pôr fabôr

Objets trouvés

Nous souhaitons que, pendant votre voyage, vous n'ayez pas besoin des phrases que voici, mais sait-on jamais...

Où est le bureau des objets trouvés?	**¿Dónde está la oficina de objetos perdidos?**	dônde ésta la ôfiθina dé obkhétôs pérdidôs
J'ai perdu ...	**He perdido ...**	é pérdidô
ce matin	**esta mañana**	ésta magnana
hier	**ayer**	aïér
Je l'ai perdu dans ...	**Lo he perdido en...**	lô é pérdidô én
C'est un objet de valeur.	**Es de mucho valor.**	és dé moutchô balôr

POUR LES PORTEURS, voir page 24

Horaires

Si vous devez prendre le train un certain nombre de fois, vous feriez bien d'acheter un horaire.

| Je voudrais un horaire. | **Quisiera comprar un horario de ferrocarriles.** | kissiéra kômprar oun ôrario dé férrôkarrilés |

Bateaux

Les lignes maritimes espagnoles desservent tous les ports de la Péninsule. Barcelone, Malaga, Vigo, Santander sont des étapes importantes pour qui a soif d'aventures et veut entreprendre un long voyage vers les Amériques.

Les phrases mentionnées dans la rubrique «Train» peuvent aussi être utilisées lors d'un voyage en bateau. C'est pour cette raison que nous ne vous donnons ci-après que quelques termes spécifiques.

bateau	**barco**	barkô
bateau à moteur	**barco de motor**	barkô dé môtôr
bateau à rames	**barco de remos**	barkô dé rémôs
bateau à voile	**barco de vela**	barkô dé béla
cabine	**camarote**	kamarôté
couchette	**litera**	litéra
pont	**cubierta**	koubiérta
port	**puerto**	pouértô
quai	**muelle**	mouélyé

Autobus – Tram

Dans la plupart des bus, vous payez en entrant. Hors de ville, le chauffeur est en même temps le contrôleur.

Je voudrais un billet.	**Quisiera un billete.**	kissiéra oun bilyété
Combien est-ce?	**¿Cuánto es?**	kouanntô és
Où puis-je prendre un bus pour …?	**¿Dónde puedo tomar un autobús para …?**	dônndé pouédô tômar oun aoutôbous para

EXCURSIONS

Quel bus dois-je prendre pour …?	¿Qué autobús tengo que tomar para …?	ké aoutôbous téngô ké tômar para
Où est …?	¿Dónde está …?	dôndé ésta
arrêt du bus … terminus	la parada del bus … el término	la parada dél bous … él términô
A quelle heure part le … bus pour …?	¿A qué hora sale el … autobús para …?	a ké ôra salé él … aoutôbous para
premier	primero	primérô
dernier	último	oultimô
prochain	próximo	prôksimô
Faut-il changer de bus?	¿Tengo que cambiar de autobús?	téngô ké kambiar dé aoutôbous
Pouvez-vous me dire quand je dois descendre?	¿Me diría usted cuándo tengo que apearme?	mé diria oustéd kouanndô téngô ké apéarmé
Je voudrais descendre à Cibeles.	Quiero apearme en Cibeles.	kiérô apéarmé én θibélés
Arrêtez-moi à la prochaine station, s.v.p.	Por favor, pare en la próxima parada.	pôr fabôr paré én la prôksima parada
Je voudrais mes bagages, s.v.p.	Quiero mi equipaje, por favor.	kiérô mi ékipakhé pôr fabôr

> **PARADA DE AUTOBUS**
> ARRÊT DE BUS

Métro

Le métro à Madrid et à Barcelone ressemble à celui de Paris.

Le prix est le même pour n'importe quel trajet. Si vous utilisez régulièrement le métro, vous ferez une économie en achetant un carnet de tickets (*un taco* – oun **takô**).

Le métro est ouvert de 6 h. à 1 heure du matin.

Certains sièges sont réservés aux mutilés de guerre, aux femmes enceintes et à d'autres catégories de voyageurs.

Où est la station de métro la plus proche?	¿Dónde está la estación de metro más cercana?	dôndé ésta la éstaθiôn dé métrô mas θérkana
Est-ce que cette rame va à …?	¿Va esta línea a …?	ba ésta linéa a
Où dois-je changer pour …?	¿Dónde tengo que hacer transbordo para …?	dôndé téngô ké aθér trannsbôrdô para
Pouvez-vous me faire signe lorsque nous arriverons à …?	¿Puede avisarme cuándo lleguemos a …?	pouédé abissarmé kouanndô lyéghémos a

Autres moyens de transport

auto-stop	auto-stop	aoutôstôp
bateau	barco	barkô
bateau à rames	barco de remos	barkô dé rémôs
bateau à vapeur	barco de vapor	barkô dé bapôr
bateau à voiles	barco de vela	barkô dé béla
canot à moteur	barco de motor	barkô dé môtôr
hydroglisseur	barco sobre patines	barkô sôbré patinés
bicyclette	bicicleta	biθiklèta
cheval	caballo	kabalyô
hélicoptère	helicóptero	élikôptérô
motocyclette	motocicleta	môtoθiklèta
télécabine	telecabina	télékabina
télésiège	telesilla	télésilya
vélomoteur	velomotor	bélômôtôr

… et si vous êtes vraiment en panne, vous pouvez toujours …

aller à pied	andar	anndar

EXCURSIONS

Visites touristiques

Dans ce chapitre, nous traiterons des aspects culturels d'une ville plutôt que des divertissements (voir page 80). Si vous désirez un guide (livre), demandez:

Pouvez-vous me recommander un bon guide pour ...?	¿Puede aconsejarme una buena guía para ...?	pouédé akônsékharmé ouna bouéna ghia para
Y a-t-il ici un office du tourisme?	¿Hay una oficina de turismo?	aï ouna ôfiθina dé tourismô
Qu'y a-t-il de plus intéressant à visiter?	¿Cuáles son los principales puntos de interés?	koualés sôn lôs prinnθipalés pountôs dé inntérés
Nous sommes ici pour ...	Vamos a quedarnos ...	bamôs a kédarnôs
quelques heures	sólo unas horas	sôlô ounas ôras
un jour	un día	oun dia
3 jours	3 días	3 dias
une semaine	una semana	ouna sémana
Pouvez-vous me recommander un tour de ville?	¿Puede aconsejarme un recorrido turístico?	pouédé akônsékharmé oun rékôrridô touristikô
D'où part le bus?	¿De dónde sale el autobús?	dé dôndé salé él aoutôbous
Vient-il nous prendre à l'hôtel?	¿Nos recogerá en el hotel?	nôs rékôkhéra én él ôtél
Quel bus/tram devons-nous prendre?	¿Qué autobús/ tranvía tenemos que tomar?	ké aoutôbous/ trammbia ténémôs ké tômar
Combien coûte le voyage?	¿Cuánto cuesta el viaje?	kouanntô kouésta él biakhé
A quelle heure partons-nous?	¿A qué hora empieza el recorrido?	a ké ôra émpiéθa él rékôrridô
Nous voudrions louer une voiture pour la journée.	Quisiéramos alquilar un coche para un día.	kissiéramôs alkilar oun kôtché para oun dia

POUR LES HEURES, voir page 179

VISITES TOURISTIQUES

Où est/Où sont ...?	¿Dónde está/están...?	dôndé ésta/éstann
abbaye	la abadía	la abadia
antiquités	las antigüedades	las anntigouédadés
aquarium	el acuarium	él akouarioum
arène	la plaza de toros	la plaθa dé tôrôs
bibliothèque	la biblioteca	la bibliôtéka
Bourse	la Bolsa	la bôlsa
cathédrale	la catedral	la katédral
centre commercial	las tiendas del centro	las tiéndas dél θéntrô
centre de la ville	el centro de la ciudad	él θéntrô dé la θioudad
château	el castillo	él kastilyô
cimetière	el cementerio	él θéméntériô
couvent	el convento	él kômbéntô
crypte	la cripta	la kripta
église	la iglesia	la igléssia
exposition	la exposición	la ékspôssiθiôn
fontaine	la fuente	la fouénté
forteresse	la fortaleza/el alcázar	la fôrtaléθa/él alkaθar
galerie d'art	la galería de arte	la galéria dé arté
grotte	la gruta/la cueva	la grouta/la kouéba
hôtel de ville	el Ayuntamiento	él aïountamiéntô
jardins	los jardines	lôs khardinés
jardin botanique	el jardín botánico	él khardinn bôtanikô
lac	el lago	él lagô
marché	el mercado	él mérkadô
le monastère	el monasterio	él mônastériô
monument	el monumento	él mônouméntô
mosquée	la mezquita	la méθkita
musée	el museo	él mousséô
opéra	el teatro de la ópera	él téatrô dé la ôpéra
palais présidentiel	la residencia presidencial	la ressidénθia préssidénθial
parc	el parque	él parké
Parlement	el edificio de las Cortes	él édifiθiô dé las kôrtés
port	el puerto	él pouértô
quais	el muelle	él mouélyé
quartier des artistes	el barrio de los artistas	él barriô dé lôs artistas
reliquaire	la reliquia	la rélikia
remparts	las murallas	las mouralyas

POUR DEMANDER SON CHEMIN, voir page 143

ruines (grecques/romaines)	**los restos (griegos/romanos)**	lôs réstôs (griégôs/rômanôs)
salle de concerts	**la sala de conciertos**	la sala dé kônθiértôs
stade	**el estadio**	él éstadiô
statue	**la estatua**	la éstatoua
studios de télévision	**los estudios de televisión**	lôs éstoudiôs dé télébissiôn
tombeau	**la tumba**	la toumba
tour	**la torre**	la tôrré
université	**la universidad**	la ounibérsidad
vieille ville	**la ciudad vieja**	la θioudad biékha
zoo	**el zoológico**	él θôôlôkhikô

Entrée

Est-ce que ... est ouvert le dimanche ?	**¿Está ... abierto(a) los domingos?**	ésta ... abiértô(a) lôs dôminngôs
Quelle est l'heure d'ouverture ?	**¿Cuándo abre?**	kouanndô abré
Quelle est l'heure de fermeture ?	**¿Cuándo cierra?**	kouanndô θiérra
Combien coûte l'entrée ?	**¿Cuánto cuesta la entrada?**	kouanntô kouésta la éntrada
Y a-t-il une réduction pour étudiants ?	**¿Hay alguna reducción para estudiantes?**	aï algouna rédoukθiôn para éstoudianntés
Avez-vous un guide en français ?	**¿Tiene usted una guía en francés?**	tiéné oustéd ouna ghia én frannθés
Puis-je acheter un catalogue ?	**¿Puedo comprar un catálogo?**	pouédô kômprar oun katalôgô
Peut-on photographier ?	**¿Se pueden sacar fotografías?**	sé pouédén sakar fôtôgrafias

---

ENTRADA LIBRE ENTRÉE LIBRE
PROHIBIDO SACAR FOTOGRAFIAS DÉFENSE DE PHOTOGRAPHIER

VISITES TOURISTIQUES

Qui – Quoi – Quand?

Quel est cet édifice?	¿Qué es este edificio?	ké és ésté édifiθio
Qui en fut...?	¿Quién fue...?	kién foué
l'architecte	el arquitecto	él arkitéktô
l'artiste	el artista	él artista
le peintre	el pintor	él pinntôr
le sculpteur	el escultor	él éskoultôr
Quand a-t-il été construit?	¿Cuándo se construyó?	kouanndô sé kônstrouïô
Qui a peint ce tableau?	¿Quién pintó ese cuadro?	kién pinntô éssé kouadrô
Vit-il encore?	¿Vive todavía?	bibé tôdabia
Où est la maison où vécut...?	¿Dónde está la casa donde vivió...?	dônde ésta la kassa dônde bibiô
Nous nous intéressons à...	Nos interesan...	nôs inntéréssann
antiquités	las antigüedades	las anntigouédadés
archéologie	la arqueología	la arkéôlôkhia
art	el arte	él arté
artisanat local	la artesanía local	la artéssania lôkal
beaux-arts	las bellas artes	las bélyas artés
botanique	la botánica	la bôtanika
céramique	la cerámica	la θéramika
géologie	la geología	la khéôlôkhia
histoire	la historia	la istôria
histoire naturelle	la historia natural	la istôria natoural
médecine	la medicina	la médiθina
meubles	los muebles	lôs mouéblés
musique	la música	la moussika
numismatique	la numismática	la noumismatika
ornithologie	la ornitología	la ôrnitôlokhia
peinture	la pintura	la pinntoura
poterie	la alfarería	la alfaréria
sculpture	la escultura	la éskoultoura
sociologie	la sociología	la sôθiôlôkhia
zoologie	la zoología	la θôôlôkhia
Où est la section de...?	¿Dónde está el departamento de...?	dônde ésta él départaméntô dé

VISITES TOURISTIQUES

Voici l'adjectif que vous cherchiez ...

C'est ...	Es...	és
beau	**hermoso**	érmôssô
effroyable	**horrible**	ôrriblé
épouvantable	**aterrador**	atérradôr
étonnant	**asombroso**	assômbrôssô
étrange	**extraño**	ékstragnô
intéressant	**interesante**	inntéréssannté
laid	**feo**	féô
magnifique	**magnífico**	maghnifikô
prodigieux	**prodigioso**	prôdikhiôssô
sinistre	**siniestro**	siniéstrô
sombre	**lúgubre**	lougoubré
terrible	**terrible**	térriblé

Services religieux

Pays des Rois Catholiques, l'Espagne offre une grande variété de cathédrales et d'églises valant une visite. La plupart d'entre elles sont ouvertes aux touristes, sauf s'il y a un service religieux. Une autorisation est nécessaire pour faire des photographies. Les manches courtes sont autorisées, mais les robes à dos nus et les shorts ne le sont pas.

Y a-t-il ... près d'ici?	**¿Hay una...aquí cerca?**	aï ouna ... aki θérka
église catholique	**iglesia católica**	igléssia katôlika
église protestante	**iglesia protestante**	igléssia prôtéstannté
mosquée	**mezquita**	méθkita
synagogue	**sinagoga**	sinagôga
A quelle heure commence le/la ...?	**¿A qué hora es...?**	a ké ôra és
culte	**el servicio**	él serbiθiô
messe	**la misa**	la missa
Où puis-je trouver un ... parlant français?	**¿Dónde puedo encontrar un...que hable francés?**	dôndé pouédô énkôntrar oun ... ké ablé frannθés
pasteur	**ministro**	ministrô
prêtre	**sacerdote**	saθérdôté
rabbin	**rabino**	rabinô

Distractions

Cinéma – Théâtre

Les séances de cinéma sont rarement permanentes. Vous pourrez voir un grand film, les actualités, peut-être un petit documentaire et quelques films publicitaires. La première séance commence aux environs de 16.00 h., et il y a un entracte avant le début du film principal. Parfois il n'y a séance que le soir à 19.00 h. et 22.30 h. ou 23.00 h. La plupart des films sont doublés en espagnol. Il est préférable de réserver sa place pour les séances du soir.

Les soirées théâtrales ont lieu à 19.00 h. et 22.30 h. ou 23.00 h. Il y a des représentations tous les jours, mais quelques théâtres font relâche un jour par semaine.

Vous trouverez les programmes dans les journaux et aux panneaux d'affichage ou encore dans les publications du type «Cette semaine à…».

Avez-vous un exemplaire de «Cette semaine à …»?	¿Tiene usted una cartelera de espectáculos?	tiéné ousted ouna kartéléra dé éspéktakoulôs
Qu'y a-t-il au cinéma ce soir?	¿Qué ponen en el cine esta noche?	ké pônén én él θiné ésta nôtché
Que joue-t-on au théâtre?	¿Qué ponen en el teatro?	ké pônén én él téatrô
De quel genre de pièce s'agit-il?	¿Qué clase de obra de teatro es?	ké klassé dé ôbra dé téatrô és
Qui en est l'auteur?	¿Quién es el autor?	kién és él aoutôr
Dans quel théâtre joue-t-on la nouvelle pièce de …?	¿En qué teatro están poniendo esta nueva obra de…?	én ké téatrô éstann pôniéndô ésta nouéba ôbra dé
Où donne-t-on le nouveau film de …?	¿Dónde ponen esa nueva película de…?	dôndé pônén éssa nouéba pélikoula dé

Qui joue?	¿Quién actúa?	kién aktoua
Qui joue le premier rôle?	¿Quién es el protagonista?	kién és él prôtagônista
Qui est le metteur en scène?	¿Quién es el director?	kién és él diréktôr
Pouvez-vous me recommander un/une...?	¿Puede recomendarme...?	pouédé rékôméndarmé

comédie	una comedia	ouna kômédia
comédie musicale	una obra musical	ouna ôbra moussikal
drame	un drama	oun drama
film	una película	ouna pélikoula
policier	una obra policiaca	ouna ôbra pôliθiaka
revue	una revista	ouna rébista
western	una película del Oeste	ouna pélikoula dél ôésté

A quelle heure commence la représentation?	¿A qué hora empieza la función?	a ké ôra émpiéθa la founθiôn
A quelle heure se termine le spectacle?	¿A qué hora termina la función?	a ké ôra términa la founθiôn
A quelle heure commence la première séance de la soirée?	¿A qué hora empieza la primera función de noche?	a ké ôra émpiéθa la priméra founθiôn dé nôtché
Y a-t-il encore des places pour ce soir?	¿Quedan localidades para esta noche?	kédann lôkalidadés para ésta nôtché
Je voudrais réserver 2 places pour le spectacle de vendredi soir.	Quiero reservar 2 localidades para la función del viernes por la noche.	kiérô réssérbar 2 lôkalidadés para la founθiôn dél biérnés pôr la nôtché
Puis-je avoir un billet pour la matinée de mardi?	¿Me puede dar una localidad para la sesión de tarde del martes?	mé pouédé dar ouna lôkalidad para la séssiôn dé tardé dél martés
Je veux une place au parterre.	Quiero una localidad de platea.	kiérô ouna lôkalidad dé platéa
Pas trop en arrière.	No muy atrás.	nô moui atras
Quelque part au milieu.	En algún lugar en el medio.	én algoun lougar én él médiô

DISTRACTIONS

81

Combien coûtent les places au balcon?	¿Qué valen las localidades de anfiteatro?	ké balén las lôkalidadés dé annfitéatrô
Puis-je avoir un programme?	¿Me da un programa, por favor?	mé da oun prôgrama pôr fabôr
Puis-je laisser ce manteau au vestiaire?	¿Puedo dejar este abrigo en el guardarropa?	pouédô dékhar ésté abrigô én él gouardarrôpa

---

Lo siento, las localidades están agotadas.	Je regrette, tout est vendu.
Sólo quedan unos cuantos asientos en el anfiteatro.	Il ne reste que quelques places au balcon.
¿Puedo ver su entrada?	Puis-je voir votre billet?
Este es su sitio.	Voici votre place.

DISTRACTIONS

Opéra – Ballet – Concert

Où est l'Opéra?	¿Dónde está el Teatro de la Opera?	dôndé ésta él téatrô dé la ôpéra
Où est la salle de concerts?	¿Dónde está la sala de conciertos?	dôndé ésta la sala dé kônθiértôs
Quel opéra joue-t-on ce soir?	¿Qué ópera ponen esta noche?	ké ôpéra pônén ésta nôtché
Qui chante?	¿Quién canta?	kién kannta
Qui danse?	¿Quién baila?	kién baïla
A quelle heure commence le spectacle?	¿A qué hora empieza el espectáculo?	a ké ôra émpiéθa él éspéktakoulô
Quel orchestre joue?	¿Qué orquesta toca?	ké ôrkésta tôka
Que jouent-ils?	¿Qué tocan?	ké tôkann
Qui est le chef d'orchestre?	¿Quién es el director?	kién és él diréktôr

Boîtes de nuit

Vous ne trouverez des boîtes de nuit offrant dîner, piste de danse et spectacle que dans les grands centres urbains ou les endroits à la mode. Mais ne manquez pas de vous rendre, une fois au moins, dans une *bodega* (bô**dé**ga – cave) ou une *taberna* (ta**bér**na – taverne), dont l'ambiance vous distraira à coup sûr. La plupart d'entre elles sont situées dans des caves éclairées à la bougie, où une minuscule piste de danse est aménagée dans un coin. Tout en savourant un xérès ou un cognac, vous pourrez admirer de fougueux flamencos ou entendre un guitariste interpréter des airs mélancoliques.

Le long de la côte, dans les stations balnéaires, un grand nombre de *bodegas* ont été ouvertes à l'intention des touristes qui doivent, hélas, payer un prix élevé pour se distraire. N'hésitez pas à demander autour de vous l'adresse de *bodegas* et *tabernas* fréquentées par les Espagnols et où vous verrez un spectacle authentique et de grande qualité.

Pouvez-vous me recommander une bonne boîte de nuit?	**¿Puede recomendarme una buena sala de fiestas?**	pou**é**dé rékô**mén**dar**m**é ouna bou**é**na sala dé fi**é**stas
Y a-t-il des attractions?	**¿Hay atracciones?**	aï atrakθi**ô**nés
A quelle heure commencent les attractions?	**¿A qué hora empiezan las atracciones?**	a ké **ô**ra émpi**é**θann las atrakθi**ô**nés

Une fois à l'intérieur ...

Une table pour 2, s.v.p.	**Una mesa para 2, por favor.**	ouna **mé**ssa para dôs pôr fab**ô**r
Mon nom est ... J'ai réservé une table pour 4.	**Mi nombre es ... He reservado una mesa para 4.**	mi **nô**mbré és ... é réssérbadô ouna **mé**ssa para 4
Nous n'avons pas réservé.	**No hemos reservado.**	nô **é**môs réss**é**rbadô

DISTRACTIONS

Danse

Où pouvons-nous aller danser?	¿Dónde podemos ir a bailar?	dônde pôdémôs ir a bailar
Y a-t-il une discothèque en ville?	¿Hay alguna discoteca en la ciudad?	aï algouna diskôtéka én la θioudad
Il y a un bal à ...	Hay un baile en...	aï oun baïlé én
Voulez-vous danser?	¿Quiere usted bailar?	kiéré oustéd baïlar
M'accordez-vous cette danse?	¿Me permite este baile?	mé pérmité ésté baïlé

Aimez-vous jouer?

Les jours de pluie, cette page peut vous être utile.

Jouez-vous aux échecs?	¿Juega usted al ajedrez?	khouéga oustéd al akhédréθ
Non, malheureusement.	Me temo que no.	mé témô ké nô
Non, mais je jouerais volontiers aux dames.	No, pero podría jugar a las damas.	nô pérô pôdria khougar a las damas
roi	el rey	él réi
reine	la reina	la réina
tour	la torre	la tôrré
fou	el alfil	él alfil
cavalier	el caballo	él kabalyô
pion	el peón	él péôn
Echec et mat!	¡Jaque mate!	khaké maté
Jouez-vous aux cartes?	¿Juega usted a las cartas?	khouéga oustéd a las kartas
bridge	el bridge	él bridgé
canasta	la canasta	la kanasta
poker	el póker	él pôkér
vingt-et-un	el veintiuno	él béïntiounô
whist	el whist	él ouist
as	el as	él as
roi	el rey	él réi
reine	la reina	la reina
valet	la sota	la sôta

POUR LES NOMBRES, voir page 176

joker	**el comodín**	él kômôdinn
carreau	**diamantes**	diamanntés
cœur	**corazones**	kôraθônés
pique	**picos**	pikôs
trèfle	**tréboles**	trébôlés

Dans l'Espagne provinciale, on pratique un jeu de cartes différent du nôtre. Les cartes sont généralement numérotées de 1 à 7. La reine est remplacée par le *caballo* (ka**b**alyô – le cavalier). Nous avons représenté ci-dessous les quatre suites de cartes généralement employées.

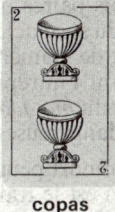

copas (kôpas)   **bastos** (bastôs)   **espadas** (éspadas)   **oros** (ôrôs)

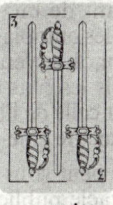

La corrida

La *corrida* (littéralement «course de taureaux») remonte peut-être aux Romains. Ce sport vous fascinera ou vous consternera.

Pour comprendre le goût des Espagnols pour la *corrida*, il vous faut savoir que la plus grande partie du bétail destiné à la course n'est engraissé que pour l'abattage. Aux yeux d'un Espagnol, le taureau n'a pas le choix entre la vie et la mort et le combat lui offre l'occasion de mourir héroïquement. Le taureau doit mourir: il s'agit de savoir quel courage et quelle résistance il montrera face à une mort certaine.

Le spectacle ressemble quelque peu à un ballet. Il y a des moments pittoresques quand la procession des *matadores* et de leurs *peones* (péônés – assistants) arrive. Puis le «toro» entre dans l'arène et court dans tous les sens, ébloui par la clarté subite du grand ciel surplombant la «plaza».

Le *matador*, «celui qui tue», (Bizet l'a appelé par erreur *toreador*) et ses assistants aiguillonnent le taureau pour évaluer ses réactions devant la cape. Un *picador*, du haut de son cheval caparaçonné, excite le taureau en le piquant de sa lance.

Puis un *banderillero* (banndérilyérô) affronte l'animal. Courant au devant de lui, il lui enfonce trois paires de banderilles entre les omoplates. Tout au long du spectacle, le public espagnol observera attentivement et de manière critique les détails les plus subtils – appréciant l'intrépidité du taureau et celle de l'homme, l'habileté du *matador* pendant qu'il exécute une série de passes dangereuses.

Tout le spectacle peut vous paraître cruel. La mort peut-elle être un spectacle public? Troublant aussi est le traitement infligé au cheval du *picador*. Bien que protégé par une sorte de rembourrage, il reçoit les coups de corne du taureau furieux qui le charge à plusieurs reprises. S'il les reçoit sans broncher, comme incidemment, c'est que ses cordes vocales ont été sectionnées.

On vous demandera si vous désirez un siège au soleil ou à l'ombre (*sol o sombra*). Ne manquez pas de préciser *sombra*, car le soleil espagnol est chaud. Louez un coussin (*almohadilla* – almôa**di**lya), car les sièges de pierre sont durs.

Les *aficionados* montrent leur enthousiasme en agitant vigoureusement leurs mouchoirs. Le juge décerne au *matador* une oreille pour un bon combat, les deux pour un combat extraordinaire. On réserve la queue pour une performance vraiment exceptionnelle. Le *matador* fait une ou deux fois le tour de l'arène pour répondre aux acclamations de la foule.

Je voudrais voir une corrida.	Quisiera ver una corrida.	kissiéra bér ouna kôrrida
Je voudrais une place à l'ombre/au soleil.	Quisiera una localidad en la sombra/al sol.	kissiéra ouna lôkalidad én la sômbra/al sôl
Je voudrais louer un coussin.	Quisiera alquilar una almohadilla.	kissiéra alkilar ouna almôadilya

Sports

En Espagne, le football et la pelote basque sont aussi populaires que la corrida. Pour passer un bon après-midi, allez donc voir jouer une des équipes mondialement connues, le Real Madrid, par exemple.

La *pelota* (pélôta) est un sport très populaire; les joueurs portent une sorte de raquette incurvée en osier (*cesta* – θésta). La balle (*pelota*) est dure et recouverte de peau de chèvre. On peut la lancer aussi bien sur les murs latéraux que sur ceux de devant et de derrière. Prise dans la *cesta*, elle est projetée avec violence sur le mur et rebondit avec une extraordinaire rapidité. La *pelota*, qui se joue habituellement en fin d'après-midi ou le soir, est un jeu très spectaculaire.

En Amérique latine, ce jeu s'appelle *jai alai* (le nom basque de ce sport). Il est possible que les Basques aient inventé eux-mêmes ce jeu, mais certains pensent que les Mayas et les Aztèques y jouaient avant eux, et qu'il fut ramené en Espagne par les *conquistadores*.

Au printemps et en automne, des courses de chevaux ont lieu à Madrid, Séville et Saint-Sébastien. D'autre part, vous aurez les plus grandes facilités pour pratiquer la pêche, la natation, le surf, le golf, le tennis et la chasse.

Bien que l'on ne se rende pas volontiers en Espagne pour faire du ski, vous pourrez fréquenter, de décembre à avril, les pentes des Pyrénées, la station de Guadalajara près de Madrid, ainsi que la Sierra Nevada non loin de Grenade.

DISTRACTIONS

Y a-t-il un match de football quelque part aujourd'hui?	¿Hay algún partido de fútbol hoy?	ai algoun partidô dé foutbôl ôi
Qui joue?	¿Quiénes juegan?	kiénés khouégann
Où est le terrain de golf le plus proche?	¿Dónde está el campo de golf más cercano?	dôndé ésta él kammpô dé gôlf mas θérkanô
Pouvons-nous louer des crosses?	¿Podemos alquilar los palos?	pôdémôs alkilar lôs palôs
Où sont les courts de tennis?	¿Dónde están las pistas de tenis?	dôndé éstann las pistas dé ténis
Puis-je louer des raquettes?	¿Puedo alquilar raquetas?	pouédô alkilar rakétas
Combien dois-je payer par …?	¿Cuánto cuesta por …?	kouanntô kouésta pôr
jour/jeu/heure	día/juego/hora	dia/khouégô/ôra
Où est le champ de courses le plus proche?	¿Dónde está la pista de carreras más cercana?	dôndé ésta la pista dé karréras mas θérkana
Combien coûte l'entrée?	¿Cuánto vale la entrada?	kouanntô balé la éntrada
Y a-t-il une piscine ici?	¿Hay una piscina aquí?	ai ouna pisθina aki
Est-elle à l'air libre/couverte/chauffée?	¿Está al aire libre/es cubierta/climatizada?	ésta al aïre libré/és koubiérta/klimatiθada
Peut-on nager dans le lac/la rivière?	¿Puede uno nadar en el lago/río?	pouédé ounô nadar én él lagô/riô
Pouvez-vous m'obtenir des entrées?	¿Puede conseguirme entradas?	pouédé kônséghirmé éntradas
Je voudrais voir un match de pelote basque.	Quisiera ver un partido de pelota.	kissiéra bér oun partidô dé pélôta

---

PLAYA PARTICULAR
PROHIBIDO BAÑARSE

PLAGE PRIVÉE
BAIGNADE INTERDITE

A la plage

Peut-on nager sans danger?	¿Se puede nadar sin peligro?	sé **pouédé** nadar sinn péligrô
Y a-t-il un service de sauvetage?	¿Hay vigilante?	aï bikhi**lannté**
Est-ce sans danger pour les enfants?	¿Es seguro para los niños?	és ségou**rô** para lôs nignôs
La mer est très calme.	La mar está muy tranquila.	la mar ésta **mou**ï trann**ki**la
Il y a quelques grosses vagues.	Hay algunas olas muy grandes.	aï al**gou**nas ôlas **mou**ï grann**dés**
Y a-t-il des courants dangereux?	¿Hay alguna corriente peligrosa?	aï al**gou**na kôr**rién**té péli**grôs**sa
A quelle heure est la marée haute/basse?	¿A qué hora es la marea alta/baja?	a ké ôra és la ma**ré**a alta/**bak**ha
Quelle est la température de l'eau?	¿Cuál es la temperatura del agua?	koual és la tempéra**tou**ra dél **a**goua
Je voudrais louer ...	Quisiera alquilar ...	kiss**ié**ra alkilar
cabine	una cabina	ouna ka**bi**na
chaise longue	una silla de lona	ouna **sil**ya dé **lô**na
équipement de plongée	un equipo de natación submarina	oun é**ki**pô dé nata**θi**ôn soub**ma**rina
matelas pneumatique	un colchón neumático	un kôl**tchôn** néou**ma**tikô
parasol	una sombrilla	ouna sôm**bril**ya
planche de surf	una plancha de deslizamiento	ouna **plann**tcha dé désli**θa**mién**tô**
skis nautiques	unos esquís acuáticos	ounôs **és**kis akoua**ti**kôs
Où puis-je louer ...?	¿Dónde puedo alquilar ...?	dônde pou**é**dô alkilar
canoë	una canoa	ouna ka**nô**a
bateau à moteur	una motora	ouna mô**tô**ra
bateau à rames	una barca	ouna **bar**ka
voilier	un velero	oun bé**lé**rô
Quel est le prix à l'heure?	¿Cuánto cobra por hora?	kou**ann**tô **kô**bra pôr ôra

DISTRACTIONS

Camping – A la campagne

La plupart des terrains de camping ont l'eau courante et l'électricité. Certains camps comptent des magasins, des espaces de jeu, un restaurant, une piscine et même parfois une laverie automatique.

Pour obtenir la liste complète des terrains de camping, adressez-vous à l'Office National du Tourisme espagnol de votre pays.

Si vous aimez le camping sauvage ou à la belle étoile, vous risquez d'être déçu: cette pratique est strictement interdite.

Pouvons-nous camper ici?	¿Podemos acampar aquí?	pôdémôs akammpar aki
Où pouvons-nous camper pour cette nuit?	¿Dónde se puede acampar por la noche?	dôndé sé pouédé akammpar pôr la nôtché
Y a-t-il un camping près d'ici?	¿Hay algún camping cerca de aquí?	aï algoun kammpinn θérka dé aki
Pouvons-nous garer notre caravane ici?	¿Podemos estacionar nuestro caravan aquí?	pôdémôs éstaθiônar nouéstrô karabann aki
Est-ce un camping officiel?	¿Es éste un camping oficial?	és ésté oun kammpinn ôfiθial
Pouvons-nous faire un feu?	¿Podemos encender una hoguera?	pôdémôs énθéndér ouna ôghéra
Y a-t-il de l'eau potable?	¿Hay agua potable?	aï agoua pôtablé
Y a-t-il des magasins dans le camping?	¿Hay tiendas en el recinto?	aï tiéndas én él réθinntô
Y a-t-il ...?	¿Hay ...?	aï
bains	baños	bagnôs
douches	duchas	doutchas
toilettes	retretes	rétrétés

Quel est le prix ...?	¿Cuál es el precio ...?	koual és él préθiô
par jour	por día	pôr dia
par personne	por persona	pôr pérsôna
pour une caravane	por caravan	pôr karabann
pour une tente	por tienda	pôr tiénda
pour une voiture	por coche	pôr kôtché
Y a-t-il une Auberge de Jeunesse près d'ici?	¿Hay algún Albergue de Juventud cerca de aquí?	ai algoun albérghé dé khoubéntoud θérka dé aki
Connaissez-vous quelqu'un qui pourrait nous loger pour la nuit?	¿Sabe usted de alguien que pudiera alojarnos por la noche?	sabé oustéd dé alghién ké poudiéra alôkharnôs pôr la nôtché

PROHIBIDO ACAMPAR

CAMPING INTERDIT

PROHIBIDO ACAMPAR CON CARAVAN

INTERDIT AUX CARAVANES

Points de repère

arbre	el árbol	él arbôl
auberge	la fonda	la fônda
autoroute	la autopista	la aoutopista
bâtiment	el edificio	él édifiθiô
cabane	la cabaña	la kabagna
canal	el canal	él kanal
champ	el campo	él kammpô
château	el castillo	él kastilyô
chemin	la senda	la sénda
chute d'eau	la cascada	la kaskada
colline	la colina	la kôlina
cours d'eau	el río	él riô
croisement	el cruce	él krouθé
église	la iglesia	la igléssia
étang	el estanque	él éstannké
falaise	el acantilado	él akanntiladô
ferme	la granja	la grannkha
fontaine	la fuente	la fouénté

CAMPING – A LA CAMPAGNE

forêt	**el bosque**	él bôské
forteresse	**la fortaleza**	la fôrtaléθa
grange	**el granero**	él granérô
hameau	**el caserío**	él kassériô
lac	**el lago**	él lagô
lande	**el páramo**	él paramô
maison	**la casa**	la kassa
marais	**el pantano**	él panntanô
mer	**la mar**	la mar
montagne	**la montaña**	la môntagna
moulin à eau	**el molino de agua**	él môlinô dé agoua
moulin à vent	**el molino de viento**	él môlinô dé biénntô
plage	**la playa**	la plaïa
pont	**el puente**	él pouénté
puits	**el pozo**	él pôθô
restaurant	**el restaurante**	él réstaourannté
rivière	**el río**	él riô
route	**la carretera**	la karrétéra
ruisseau	**el arroyo**	él arrôïô
sentier	**el sendero**	él séndérô
sommet	**el pico**	él pikô
source	**el manantial**	él mananntial
taillis	**el matorral**	él matôrral
tour	**la torre**	la tôrre
vallée	**el valle**	él balyé
vignoble	**el viñedo**	él bignédô
village	**el pueblo**	él pouéblô
voie de chemin de fer	**la vía de ferrocarril**	la bia dé férrôkarril
Quel est le nom de cette rivière ?	**¿Cómo se llama ese río?**	kômô sé lyama éssé riô
Quelle est l'altitude de cette montagne ?	**¿Qué altura tiene esa montaña?**	ké altoura tiéné éssa môntagna
A quelle distance se trouve la prochaine ville ?	**¿A qué distancia estamos de la próxima ciudad?**	a ké distannθia éstamôs dé la prôksima θioudad
Où mène cette route ?	**¿Adónde lleva esta carretera?**	adônde lyéba ésta karrétéra

POUR DEMANDER SON CHEMIN, voir page 143

Comment se faire des amis

Présentations

Enchanté de faire votre connaissance.	**Encantado de conocerle/conocerla.**	énkanntadô dé kônôθérlé/kônôθérla
Comment allez-vous?	**¿Cómo está usted?**	kômô ésta oustéd
Bien, merci. Et vous?	**Bien, gracias. ¿Y usted?**	bién graθias. i oustéd
Puis-je vous présenter Melle Durand?	**Quiero presentarle a la Señorita Durand.**	kiérô préssèntarlé a la ségnôrita duran
Je voudrais vous présenter un ami.	**Le voy a presentar a un amigo mío.**	lé boï a préssèntar a oun amigô miô
Jean, voici ...	**Juan, te presento a ...**	khouann té préssèntô a
Mon nom est ...	**Me llamo ...**	mé lyamô

Pour rompre la glace

Depuis combien de temps êtes-vous ici?	**¿Cuánto tiempo lleva usted aquí?**	kouanntô tiémpô lyéba oustéd aki
Nous sommes ici depuis une semaine.	**Llevamos aquí una semana.**	lyébamôs aki ouna sémana
Est-ce la première fois que vous venez?	**¿Es la primera vez que viene?**	és la priméra béz ké biéné
Non, nous sommes déjà venus l'an dernier.	**No, vinimos el año pasado.**	nô binimôs él agnô passadô
Etes-vous seul(e) ici?	**¿Ha venido usted solo/sola?**	a bénidô oustéd sôlô/sôla
Je suis avec ...	**Estoy con ...**	éstoï kôn
mon mari	**mi marido**	mi maridô
ma femme	**mi mujer**	mi moukhér
ma famille	**mi familia**	mi familia
mes parents	**mis padres**	mis padrés
quelques amis	**unos amigos**	ounôs amigôs

COMMENT SE FAIRE DES AMIS

Vous plaisez-vous ici?	¿Está disfrutando de su estancia?	ésta disfroutanndô dé sou éstannθia
Oui,... me plaît beaucoup.	Sí, me gusta mucho...	si, mé gousta moutchô
D'où venez-vous?	¿De dónde es usted?	dé dôndé és oustéd
Je viens de ...	Soy de...	sôï dé
Où êtes-vous descendu?	¿Dónde se hospeda?	dôndé sé ôspéda
Je suis étudiant(e).	Soy estudiante.	sôï éstoudiannté
Nous sommes ici en vacances.	Estamos aquí de vacaciones.	éstamôs aki dé bakaθiônés
Je suis ici pour affaires.	Estoy aquí en viaje de negocios.	éstôï aki én biakhé dé négôθiôs
Nous espérons vous revoir bientôt.	Esperamos verle pronto por aquí.	éspéramôs bérlé prôntô pôr aki
A tout à l'heure/ A demain.	Hasta luego/Hasta mañana.	asta louégô/asta magnana

Le temps qu'il fait...

En Espagne comme ailleurs, le temps est prétexte à conversation.

Quelle belle journée!	¡Qué día tan bueno!	ké dia tann bouénô
Quel temps affreux!	¡Qué tiempo más malo!	ké tiémpô mas malô
Quel froid/Quelle chaleur il fait aujourd'hui, n'est-ce pas?	¿Qué frío/Qué calor hace hoy, verdad?	ké friô/ké kalôr aθé ôï bérdad
Fait-il toujours aussi chaud?	¿Hace normalmente este calor?	aθé nôrmalménté ésté kalôr
Pensez-vous qu'il ... demain?	¿Cree usted que... mañana?	kréé oustéd ké... magnana
pleuvra/neigera fera meilleur/ y aura du soleil	lloverá/nevará hará mejor/hará sol	lyôbéra/nébara ara mékhôr/ara sôl

Invitations

Ma femme et moi voudrions vous inviter à dîner ...	Mi mujer y yo quisiéramos invitarle a cenar ...	mi moukhér i iô kissiéramôs innbitarlé a θénar
Pouvez-vous venir dîner demain soir?	¿Puede usted venir a cenar mañana por la noche?	pouédé oustéd bénir a θénar magnana pôr la nôtché
Viendrez-vous prendre un verre ce soir?	¿Puede usted venir a tomar unas copas esta noche?	pouédé oustéd bénir a tômar ounas kôpas ésta nôtché
Il y aura une soirée. Avez-vous envie de venir?	Hay un guateque. ¿Quiere usted venir?	aï oun gouatéké. kiéré oustéd bénir
C'est très aimable à vous.	Es usted muy amable.	és oustéd moui amablé
Epatant. Je serai ravi(e) de venir.	Estupendo. Me encantaría ir.	éstoupéndô. mé énkanntaria ir
A quelle heure pouvons-nous venir?	¿A qué hora vamos?	a ké ôra bamôs
Puis-je amener un ami?	¿Puedo llevar a un amigo?	pouédô lyébar a oun amigô
Je crois que nous devons partir maintenant.	Me temo que debemos marcharnos ahora.	mé témô ké débémôs martcharnôs aôra
La prochaine fois, ce sera à vous de nous rendre visite.	Otro día tienen que venir ustedes a vernos.	ôtrô dia tiénén ké bénir oustédés a bérnôs
Merci beaucoup pour cette soirée. Elle a été magnifique.	Muchas gracias por la velada. Ha sido estupenda.	moutchas graθias pôr la bélada. a sidô éstoupénda

Rendez-vous

Voulez-vous une cigarette?	¿Quiere usted un cigarrillo?	kiéré oustéd oun θigarrilyô
Avez-vous du feu, s.v.p.?	¿Tiene usted lumbre, por favor?	tiéné oustéd loumbré pôr fabôr
Puis-je vous offrir quelque chose à boire?	¿Quiere usted beber algo?	kiéré oustéd bébér algô

COMMENT SE FAIRE DES AMIS

Français	Español	Prononciation
Attendez-vous quelqu'un ?	¿Está usted esperando a alguien ?	ésta oustéd éspéranndô a alghién
Etes-vous libre ce soir ?	¿Está usted libre esta noche ?	ésta oustéd libré ésta nôtché
Voudriez-vous sortir avec moi ce soir ?	¿Quisiera usted salir conmigo esta noche ?	kissiéra oustéd salir kônmigô ésta nôtché
Voulez-vous aller danser ?	¿Quisiera usted ir a bailar ?	kissiéra oustéd ir a baïlar
Je connais une bonne discothèque.	Conozco una buena discoteca.	kônôθkô ouna bouéna diskôtéka
Si nous allions au cinéma ?	¿Quiere que vayamos al cine ?	kiéré ké baïamôs al θiné
Voulez-vous faire une promenade en voiture ?	¿Quiere usted dar un paseo en coche ?	kiéré oustéd dar oun passéô én kôtché
Cela me ferait plaisir. Merci.	Me encantaría. Gracias.	mé énkanntaria. graθias
Où nous retrouverons-nous ?	¿Dónde nos citamos ?	dôndé nôs θitamôs
Je passerai vous prendre à 8 heures.	Iré a recogerla a las 8.	iré a rékôkhérla a las 8
Puis-je vous accompagner jusque chez vous ?	¿Puedo acompañarla hasta su casa ?	pouédô akômpagnarla asta sou kassa
Puis-je vous revoir demain ?	¿Puedo verla mañana ?	pouédô bérla magnana
Merci beaucoup. C'était une soirée merveilleuse.	Gracias. Ha sido una tarde estupenda.	graθias. a sidô ouna tardé éstoupénda
Je me suis beaucoup amusé(e).	Lo he pasado muy bien.	lô é passadô moui bién
Quel est votre numéro de téléphone ?	¿Cuál es su número de teléfono ?	koual és sou noumérô dé téléfônô
Vivez-vous seul(e) ?	¿Vive usted solo(a) ?	bibé oustéd sôlô(a)
A quelle heure part votre dernier train ?	¿A qué hora es su último tren ?	a ké ôra és sou oultimô trén

Guide des achats

Ce guide vous aidera à trouver aisément et rapidement ce que vous désirez. Il comprend:

1. une liste des principaux magasins, boutiques et services;
2. quelques expressions qui vous aideront à choisir et à formuler vos désirs avec précision;
3. tous les détails sur les magasins et services auxquels vous aurez probablement affaire. Vous trouverez conseils et listes alphabétiques des articles sous les titres suivants:

		Page
Appareils électriques	radios, magnétophones, rasoirs, disques	104
Bijouterie	bijoux, montres, réparation de montres	106
Blanchisserie/ Teinturerie	services habituels	109
Bureau de tabac	tout pour le fumeur	110
Camping	matériel de camping	112
Coiffeur	coiffeur pour dames, salon de beauté, coiffeur pour messieurs	114 / 115
Habillement	vêtements, chaussures, accessoires	116
Librairie	livres, revues, journaux, papeterie	123
Pharmacie/ Droguerie	médicaments, premiers soins, produits de beauté, articles de toilette	125
Photographie	appareils de photos, accessoires, films, développement	129
Provisions	principaux produits et articles pour le pique-nique	131
Souvenirs	souvenirs, cadeaux, bibelots	133

Magasins et services

Si vous avez une idée précise de ce que vous voulez acheter, effectuez d'abord le petit travail suivant : cherchez, dans le chapitre concerné, l'article qui vous intéresse et établissez une description appropriée de cet objet (couleur, matière, etc.).

En Espagne, les magasins ouvrent généralement à 9 h. et ferment entre 20 h. et 20.30 h. Il y a une pause entre 13 h. et 15.30 h. ou 16 h. Peu de commerces ouvrent le dimanche ou les jours fériés.

Où est ... le/la plus proche ?	¿Dónde está ... más cercano/cercana ?	dòndé ésta ... mas θérkanô/θérkana
agence de voyage	la agencia de viajes	la akhénθia dé biakhés
antiquaire	la tienda de antigüedades	la tiénda dé anntigouédadés
banque	el banco	él bannkô
bijouterie	la joyería	la khôïéria
blanchisserie	la lavandería	la labanndéria
boucherie	la carnicería	la karniθéria
boulangerie	la panadería	la panadéria
bureau de tabac	el estanco	él éstannkô
chapellerie	la sombrerería	la sômbréréria
chemiserie	la camisería	la kamisséria
coiffeur pour dames	la peluquería	la péloukéria
coiffeur pour hommes	la barbería	la barbéria
commissariat	la comisaría	la kômissaria
confiserie	la bombonería	la bômbônéria
cordonnier	el zapatero	él θapatérô
couturière	la modista	la môdista
crèmerie	la mantequería	la manntékéria
dentiste	el dentista	él déntista
droguerie	la perfumería	la pérfouméria
épicerie	la tienda de ultramarinos	la tiénda dé oultramarinôs
fleuriste	la florería	la floréria
fourreur	la peletería	la pélétéria
galerie d'art	la galería de arte	la galéria dé arté
garage	el garaje	él garakhé
grands magasins	los grandes almacenes	lôs granndés almaθénés

hôpital	**el hospital**	él ôspital
horloger	**la relojería**	la rélôkhéria
kiosque à journaux	**el quiosco de periódicos**	él kiôskô dé periôdikôs
laiterie	**la lechería**	la létchéria
librairie	**la librería**	la libréria
magasin de chaussures	**la zapatería**	la θapatéria
magasin de jouets	**la juguetería**	la khoughétéria
magasin de photos	**la tienda de fotografías**	la tiénda dé fôtôgrafias
magasin de primeurs	**la verdulería**	la bérdouléria
magasin de souvenirs	**la tienda de objetos de regalo**	la tiénda dé ôbkhétôs dé régalô
magasin de spiritueux	**la tienda de licores**	la tiénda dé likôrés
magasin de sports	**la tienda de deportes**	la tiénda dé dépôrtés
magasin de tissus	**la pañería**	la pagnéria
marché	**el mercado**	él mérkadô
maroquinerie	**la tienda de artículos de cuero**	la tiénda dé artikoulôs dé kouérô
médecin	**el médico**	él médikô
modiste	**la sombrerería**	la sômbréréria
négociant en vins	**la tienda de vinos**	la tiénda dé binôs
opticien	**el óptico**	él ôptikô
papeterie	**la papelería**	la papéléria
pâtisserie	**la pastelería**	la pastéléria
pharmacie	**la farmacia**	la farmaθia
poissonnerie	**la pescadería**	la péskadéria
poste	**correos**	kôrréôs
prêteur sur gages	**el prestamista**	él préstamista
quincaillerie	**la ferretería**	la férrétéria
salon de beauté	**el salón de belleza**	él salôn dé bélyéθa
salon-lavoir	**la lavandería**	la labannadéria
supermarché	**el supermercado**	él soupérmérkadô
tailleur	**el sastre**	él sastré
teinturerie	**la tintorería**	la tinntôréria
vétérinaire	**el veterinario**	él bétérinariô

REBAJAS
SOLDES

GUIDE DES ACHATS

Expressions courantes

Voici quelques expressions qui vous seront utiles lors de vos achats :

Où ?

Où y a-t-il un bon/une bonne … ?	¿Dónde hay un buen/una buena … ?	dôndé aï oun bouén/ouna bouéna
Où puis-je trouver un/une … ?	¿Dónde puedo encontrar un/una … ?	dôndé pouédô énkôntrar oun/ouna
Où vend-on … ?	¿Dónde venden … ?	dôndé béndén
Pouvez-vous me recommander un … bon marché ?	¿Puede usted recomendarme un … barato ?	pouédé oustéd rékôméndarmé oun … baratô
Où est le centre commercial ?	¿Dónde está el centro comercial ?	dôndé ésta él θéntrô kômérθial
Est-ce loin d'ici ?	¿Está lejos de aquí ?	ésta lékhôs dé aki
Comment puis-je y arriver ?	¿Cómo puedo llegar allí ?	kômô pouédô lyégar alyi

Service

Pouvez-vous m'aider ?	¿Puede usted atenderme ?	pouédé oustéd aténdérmé
Je ne fais que regarder.	Estoy sólo mirando.	éstôï sôlô miranndô
Je veux …	Quiero …	kiérô
Avez-vous … ?	¿Tiene usted … ?	tiéné oustéd

Celui-ci/Celle-là

Pouvez-vous me montrer … ?	Puede usted enseñarme … ?	pouédé oustéd énségnarmé
cela/ceux-là	ése/ésos	éssé/éssôs
celui qui est dans la vitrine	el de la vitrina	él dé la bitrina
C'est là-bas.	Es allí.	és alyi

Description de l'article

Je voudrais ...	Quisiera...	kissiéra
Il doit être ...	Debe ser ...	débé sér
ample	grande	granndé
bon	bueno	bouénô
bon marché	barato	baratô
carré	cuadrado	kouadradô
clair	claro	klarô
foncé	oscuro	ôskourô
grand	grande	granndé
léger	ligero	likhérô
lourd	pesado	péssadô
ovale	ovalado	ôbaladô
petit	pequeño	pékégnô
rectangulaire	rectangular	réktanngoular
rond	redondo	rédônndô
Je ne veux pas quelque chose de trop cher.	No quiero algo muy caro.	nô kiérô algô moui karô

Préférence

Pouvez-vous me montrer autre chose?	¿Puede usted enseñarme algo más?	pouédé oustéd énségnarmé algô mas
N'avez-vous rien de ...?	¿No tiene usted algo ...?	nô tiéné oustéd algô
meilleur marché	más barato	mas baratô
mieux	mejor	mékhôr
plus grand	más grande	mas granndé
plus petit	más pequeño	mas pékégnô

Combien?

Combien coûte ceci?	¿Cuánto cuesta esto?	kouanntô kouésta éstô
Je ne comprends pas.	No entiendo.	nô éntiéndô
Ecrivez-le, je vous prie.	Escríbamelo, por favor.	éskribamélô pôr fabôr
Je ne veux pas dépenser plus de 500 pesetas.	No quiero gastar más de 500 pesetas.	nô kiérô gastar mas dé kiniéntas péssétas

POUR LES COULEURS, voir page 117

GUIDE DES ACHATS

Décision

C'est exactement ce que je veux.	**Eso es justamente lo que quiero.**	éssô és khoustaménté lô ké kiérô
Ce n'est pas exactement ce que je veux.	**No es realmente lo que quiero.**	nô és réalménté lô ké kiérô
Non, cela ne me plaît pas.	**No, no me gusta.**	nô nô mé gousta
Je le prends.	**Me lo llevo.**	mé lô lyébô

Commande

Pouvez-vous me le commander?	**¿Puede usted encargarlo para mí?**	pouédé ousted énkargarlô para mi
Combien de temps cela prendra-t-il?	**¿Cuánto tardará?**	kouanntô tardara

Livraison

Je l'emporte.	**Me lo llevo.**	mé lô lyébô
Veuillez l'envoyer à cette adresse, s.v.p.	**Por favor, mándelo a estas señas.**	pôr fabôr manndélô a éstas ségnas
Aurai-je des difficultés à la douane?	**¿Tendré alguna dificultad con la aduana?**	téndré algouna difikoultad kôn la adouana

Paiement

Combien est-ce?	**¿Cuánto es?**	kouanntô és
Acceptez-vous des …?	**¿Acepta usted …?**	aθépta oustéd
francs belges	**francos belgas**	frannkôs bélgas
francs français	**francos franceses**	frannkôs frannθéssés
francs suisses	**francos suizos**	frannkôs souiθôs
cartes de crédit	**tarjetas de crédito**	tarkhétas dé kréditô
chèques de voyage	**cheques de viajero**	tchékés de biakhérô
N'avez-vous pas commis une erreur dans l'addition?	**¿No se ha equivocado usted en la cuenta?**	nô sé a ékibôkadô oustéd én la kouénta

GUIDE DES ACHATS

Autre chose?

Non, merci. Ce sera tout.	**No gracias. Eso es todo.**	nô graθias. éssô és tôdô
Oui, je voudrais ...	**Sí, quisiera...**	si kissiéra
Merci. Au revoir.	**Gracias. Adiós.**	graθias. adiôs

Réclamations

Pourriez-vous me changer ceci, s.v.p.?	**¿Podría usted cambiarme esto, por favor?**	pôdria oustéd kammbiarmé éstô pôr fabôr
Je désire rendre ceci.	**Quiero devolver esto.**	kiérô débôlbér éstô
Je voudrais être remboursé. Voici la quittance.	**Quisiera que me devolviesen el dinero. Aquí está el recibo.**	kissiéra ké mé débôlbiéssén él dinérô. aki ésta él réθibô

¿En qué puedo ayudarle?	Puis-je vous aider?
¿Qué desea?	Que désirez-vous?
¿Qué...desea?	Quelle ... désirez-vous?
color/forma calidad/cantidad	couleur/forme qualité/quantité
Lo siento, no lo tenemos.	Je suis désolé, nous n'en avons pas.
Se nos ha agotado.	Le stock est épuisé.
¿Quiere que se lo encarguemos?	Faut-il vous le commander?
¿Lo llevará consigo o se lo enviamos?	L'emportez-vous ou faut-il vous l'envoyer?
¿Algo más?	Autre chose?
Son...pesetas, por favor.	Cela fait ..., s.v.p.
La caja está allí.	La caisse est là-bas.

GUIDE DES ACHATS

Appareils électriques et accessoires – Disques

Si d'antiques installations en 125 volts sont encore en usage, l'équipement en 220 volts se généralise. Le mieux est de s'en assurer à la réception de l'hôtel avant de brancher un rasoir ou un sèche-cheveux.

Quel est le voltage ?	¿Cuál es el voltaje ?	koual és él bôltakhé
Je voudrais une prise pour ceci.	Quisiera un enchufe para esto.	kissiéra oun éntchoufé para éstô
Avez-vous une pile pour ceci ?	¿Tiene usted una pila para esto ?	tiéné oustéd ouna pila para éstô
Ceci est cassé. Pouvez-vous le réparer ?	Esto está roto. ¿Puede usted arreglarlo ?	éstô ésta rôtô. pouédé oustéd arréglarlô
Quand sera-t-il prêt ?	¿Cuándo estará listo ?	kouanndô éstara listô
Je voudrais ...	**Quisiera ...**	kissiéra
adaptateur	**un adaptador**	oun adaptadôr
amplificateur	**un amplificador**	oun ammplifikadôr
ampoule	**una bombilla**	ouna bômbilya
bouilloire	**una pava**	ouna paba
cafetière	**una cafetera**	ouna kafétéra
électrophone	**un tocadiscos**	oun tôkadiskôs
fer à repasser de voyage	**una plancha de viaje**	ouna planntcha dé biakhé
grille-pain	**una tostadora**	ouna tôstadôra
haut-parleurs	**unos altavoces**	ounôs altabôthés
magnétophone à cassette	**un magnetófono «cassette»**	oun maghnétôfônô «kassété»
mixer	**una batidora**	ouna batidôra
montre	**un reloj**	oun rélôkh
pile	**una pila**	ouna pila
... portatif	**... portátil**	... pôrtatil
prise	**un enchufe**	oun éntchoufé
radio	**una radio**	ouna radiô
autoradio	**una radio para automóvil**	ouna radiô para aoutômôbil
rasoir	**una máquina de afeitar eléctrica**	ouna makina de aféïtar éléktrika
sèche-cheveux	**un secador de pelo**	oun sékadôr dé pélô

téléviseur	un televisor	oun télébissôr
téléviseur couleur	un televisor en color	oun télébissôr én kôlôr
transformateur	un transformador	oun trannsfôrmadôr
transistor	una radio portátil	ouna radiô pôrtatil

Musique

Avez-vous des disques de ...?	¿Tiene usted algún disco de ...?	tiéné oustéd algoun diskô dé
Avez-vous le dernier album de ...?	¿Tiene usted el último álbum de ...?	tiéné oustéd él oultimô alboum dé
Je voudrais une cassette.	Quisiera una cassette.	kissiéra ouna kassété
Je voudrais un nouveau saphir.	Quiero una aguja nueva.	kiérô ouna agoukha nouéba

L.P.	un «Long-Play»	oun «lôn plaï»
33 t.	un disco 33	oun diskô tréinntaitrés
45 t.	un disco 45	oun diskô kouaréntaiθinnkô

musique classique	música clásica	moussika klassika
musique folklorique	música folklórica	moussika fôlklôrika
musique instrumentale	música instrumental	moussika innstrouméntal
musique légère	música ligera	moussika likhéra
musique pop	música pop	moussika pôp
musique symphonique	música de orquesta	moussika dé ôrkésta

GUIDE DES ACHATS

Bijouterie – Horlogerie

Pouvez-vous réparer cette montre?	¿Puede arreglar este reloj?	pouédé arréglar ésté rélokh
Le ... est cassé.	...está roto/rota.	... ésta rôtô/rôta
bracelet/remontoir ressort/verre	la correa/la cuerda el resorte/el cristal	la kôrréa/la kouérda él réssôrté/él kristal
Je voudrais faire nettoyer cette montre.	Quiero que me limpien este reloj.	kiérô ké mé limmpién ésté rélôkh
Quand sera-t-elle prête?	¿Cuándo estará listo?	kouanndô éstara listô
Puis-je voir cela? s.v.p.	¿Puedo ver eso, por favor?	pouédô bér éssô pôr fabôr
Je ne fais que regarder.	Sólo estoy mirando.	sôlô éstôi miranndô
Je voudrais un petit cadeau pour ...	Quiero un regalito para ...	kiérô oun régalitô para
Je ne veux pas quelque chose de trop cher.	No quiero nada demasiado caro.	nô kiérô nada démassiadô karô
Je veux quelque chose de ...	Quiero algo ...	kiérô algô
mieux meilleur marché plus simple	mejor más barato más simple	mékhôr mas baratô mas simmplé
Est-ce de l'argent véritable?	¿Es esto de plata auténtica?	és éstô dé plata aouténtika
Avez-vous quelque chose en or?	¿Tiene usted algo de oro?	tiéné oustéd algô dé ôrô

Si c'est en or, posez la question suivante:

Combien de carats?	¿Cuántos quilates?	kouanntôs kilatés

Avant de vous rendre chez le bijoutier, vous savez sans doute plus ou moins ce que vous désirez. Vous trouverez les noms espagnols des matières et des articles dans les listes figurant aux pages suivantes.

En quelle matière est-ce?

acier inoxydable	**acero inoxidable**	aθérô inôksidablé
ambre	**ámbar**	ammbar
améthyste	**amatista**	amatista
argent	**plata**	plata
argenté	**plata chapada**	plata tchapada
corail	**coral**	kôral
cristal	**cristal**	kristal
cristal taillé	**cristal tallado**	kristal talyadô
cuivre	**cobre**	kôbré
diamant	**diamante**	diamannté
ébène	**ébano**	ébanô
émail	**esmalte**	ésmalté
émeraude	**esmeralda**	ésméralda
étain	**estaño**	éstagnô
ivoire	**marfil**	marfil
jade	**jade**	khadé
onyx	**ónix**	ôniks
or	**oro**	ôrô
plaqué or	**lámina de oro**	lamina dé ôrô
perle	**perla**	pérla
platine	**platino**	platinô
rubis	**rubí**	roubi
saphir	**zafiro**	θafirô
topaze	**topacio**	tôpaθiô
turquoise	**turquesa**	tourkéssa

De quoi s'agit-il?

Je voudrais ...	**Quisiera ...**	kissiéra
alliance	**un anillo de boda**	oun anilyô dé bôda
amulette	**un amuleto**	oun amoulétô
argenterie	**unos objetos de plata**	ounôs ôbkhétôs dé plata
bague	**una sortija**	ouna sôrtikha
bague de fiançailles	**una sortija de pedida**	ouna sôrtikha dé pédida
boucles d'oreilles	**unos pendientes**	ounôs péndiéntés
boutons de manchettes	**unos gemelos**	ounôs khémélôs

GUIDE DES ACHATS

bracelet	una pulsera	ouna poulséra
bracelet-chaîne	una correa en forma de cadena	ouna kôrréa én fôrma dé kadéna
bracelet de cuir	una correa de cuero	ouna kôrréa dé kouérô
bracelet de montre	una correa de reloj	ouna kôrréa dé rélôkh
bracelet porte-bonheur	una pulsera de fetiches	ouna poulséra dé fétitchés
briquet	un encendedor	oun énθéndédôr
broche	un broche	oun brôtché
chaîne	una cadena	ouna kadéna
chapelet	un rosario de cuentas	oun rôssariô dé kouéntas
chevalière	una sortija de sello	ouna sôrtikha dé sélyô
clip	un clip	oun klip
coffret à bijoux	un joyero	oun khôiérô
collier	un collar	oun kôlyar
couverts	unos cubiertos	ounôs koubiértôs
croix	una cruz	ouna krouθ
épingle de cravate	un alfiler de corbata	oun alfilér dé kôrbata
étui à cigarettes	una pitillera	ouna pitilyéra
gourmette	una correa en forma de cadena	ouna kôrréa én fôrma dé kadéna
montre	un reloj	oun rélokh
avec aiguille des secondes	con segunda manecilla	kôn ségounda manéθilya
bracelet	de pulsera	dé poulséra
de poche	de bolsillo	dé bôlsilyô
pendentif	un medallón	oun médalyôn
perles	unas perlas	ounas pérlas
pince à cravate	un sujetador de corbata	oun soukhétadôr dé kôrbata
porte-mine	un lapicero	oun lapiθérô
poudrier	una polvera	ouna pôlbéra
réveil	un despertador	oun déspértadôr
réveil de voyage	un despertador de viaje	oun déspértadôr dé biakhé
tabatière	una cajita de rapé	ouna kakhita dé rapé
trousse de beauté	un neceser	oun néθéssér
trousse de manucure	un estuche de manicura	oun éstoutché dé manikoura
verroterie	unos abalorios	ounôs abalôriôs

Blanchisserie – Teinturerie

S'il n'y a pas de blanchisserie dans votre hôtel, demandez au portier:

Où est la blanchisserie/teinturerie la plus proche?	¿Dónde está la lavandería/tintorería más cercana?	dôndé ésta la labanndéria/tinntôréria mas θérkana
Je voudrais faire ... ces vêtements.	Quiero que...esta ropa.	kiérô ké ... ésta rôpa
laver	laven	labén
nettoyer	limpien	limmpién
repasser	planchen	planntchén
Quand seront-ils prêts?	¿Cuándo estará lista?	kouanndô éstara lista
Il me les faut pour ...	La necesito para ...	la néθéssitô para
aujourd'hui	hoy	ôi
ce soir	esta noche	ésta nôtché
demain	mañana	magnana
avant vendredi	antes del viernes	anntés dél biérnés
Pouvez-vous ... ceci?	¿Puede usted... esto?	pouédé oustéd ... éstô
coudre	coser	kôssér
raccommoder	remendar	réméndar
rapiécer	apedazar	apédaθar
Pouvez-vous me coudre ce bouton?	¿Puede usted coser este botón?	pouédé oustéd kôssér ésté bôtôn
Pouvez-vous enlever cette tache?	¿Puede usted quitar esta mancha?	pouédé oustéd kitar ésta manntcha
Ce n'est pas à moi.	Esto no es mío.	éstô nô és miô
Il me manque un vêtement.	Falta una prenda.	falta ouna prénda
Il y a un trou ici.	Hay un hoyo aquí.	aï oun ôio aki
Mes vêtements sont-ils prêts?	¿Está ya mi ropa lavada?	ésta ia mi rôpa labada

GUIDE DES ACHATS

Bureau de tabac

Les cigarettes et le tabac sont vendus dans les magasins de tabac, les supermarchés et les kiosques à journaux.

Les cigarettes espagnoles, pour la plupart, sont faites de tabac brun et fort, bien que des mélanges plus légers connaissent une faveur croissante. Les marques d'importation sont jusqu'à trois fois plus chères que les cigarettes locales; cependant, beaucoup sont produites en Espagne sous licence à un prix raisonnable.

Donnez-moi ... s.v.p.	Déme...por favor.	démé ... pôr fabôr
allumettes	unas cerillas	ounas θérilyas
blague à tabac	una tabaquera	ouna tabakéra
boîte de ...	una caja de...	ouna kakha dé
briquet	un encendedor	oun énθéndédôr
recharge pour briquet	repuesto para encendedor	répouéstô para énθéndédôr
cigare	un puro	oun pourô
cigares	unos puros	ounôs pourôs
étui à cigarettes	una pitillera	ouna pitilyéra
mèche	una mecha	ouna métcha
paquet de ...	un paquete de...	oun pakété dé
paquet de cigarettes	un paquete de cigarrillos	oun pakété dé θigarrilyôs
pierres à briquet	unas piedras de mechero	ounas piédras dé métchérô
pipe	una pipa	ouna pipa
nettoie-pipe	unas escobillas	ounas éskôbilyas
porte-pipes	un porta-pipas	oun pôrtapipas
tabac pour la pipe	tabaco de pipa	tabakô dé pipa
porte-cigarette	una boquilla	ouna bôkilya
tabac à chiquer	tabaco de mascar	tabakô dé maskar
tabac à priser	rapé	rapé
Avez-vous des cigarettes ...?	¿Tiene usted cigarrillos...?	tiéné oustéd θigarrilyôs
américaines	americanos	amérikanôs
espagnoles	españoles	éspagnôlés
françaises	franceses	frannθéssés
à la menthe	de mentol	dé méntôl

GUIDE DES ACHATS

| J'en prendrai 2 paquets. | **Me llevaré 2 paquetes.** | mé lyébaré dôs pakétés |
| J'en prendrai une cartouche. | **Me llevaré un cartón.** | mé lyébaré oun kartôn |

avec filtre	**con filtro**	kôn filtrô
sans filtre	**sin filtro**	sinn filtrô
long format	**extra largos**	ékstra largôs

Puisque nous parlons de cigarettes, supposons que vous vouliez en offrir une à quelqu'un :

Voulez-vous une cigarette ?	**¿Quiere usted un cigarrillo?**	kiéré oustéd oun θigarrilyô
Prenez l'une des miennes.	**Tome uno mío.**	tômé ounô miô
Elles sont très douces.	**Son muy suaves.**	sôn moui souabés
Elles sont un peu fortes.	**Son un poco fuertes.**	sôn oun pôkô fouértés

Et si quelqu'un vous en offre une ?

Merci.	**Gracias.**	graθias
Non, merci.	**No, gracias.**	nô graθias
Je ne fume pas.	**No fumo.**	nô foumô
J'ai arrêté de fumer.	**He dejado de fumar.**	é dékhadô dé foumar

GUIDE DES ACHATS

Camping

Voici quelques articles dont vous pourriez avoir besoin :

Je voudrais ...	Quisiera ...	kissiéra
alcool à brûler	alcohol de quemar	alkôôl dé kémar
allumettes	unas cerillas	ounas θérilyas
attirail de pêche	un aparejo de pesca	oun aparékhô dé péska
boîte à outils	una caja de herramientas	ouna kakha dé érramiéntas
boîte à pique-nique	una bolsa para merienda	ouna bôlsa para mériénda
bougies	unas velas	ounas bélas
bouilloire	una pava	ouna paba
boussole	una brújula	ouna broukhoula
canif	un cortapluma	oun kôrtaplouma
casserole	una cacerola	ouna kaθérôla
chaise	una silla	ouna silya
chaise longue	una silla de lona	ouna silya dé lôna
chaise pliable	una silla plegable	ouna silya plégablé
ciseaux	unas tijeras	ounas tikhéras
corde	una cuerda	ouna kouérda
couteau à gaine	un cuchillo de estuche	oun koutchilyô dé éstoutché
couverts	una cubertería	ouna koubértéria
gaz butane	gas butano	gas boutanô
hache	un hacha	oun atcha
hamac	una hamaca	ouna amaka
lampe	una lámpara	ouna lammpara
lampe de poche	una linterna	ouna linntéra
lanterne	un farolito	oun farôlitô
lit de camp	una cama de campaña	ouna kama dé kammpagna
marteau	un martillo	oun martilyô
mât de tente	un mástil	oun mastil
matelas	un colchón	oun kôltchôn
matériel de camping	un equipo de camping	oun ékipô dé kammpinn
moustiquaire	una red para mosquitos	ouna réd para môskitôs
ouvre-boîtes	un abrelatas	oun abrelatas
ouvre-bouteilles	un abridor de botellas	oun abridôr dé bôtélyas
pétrole	petróleo	pétrôléô
piquet de tente	una estaca	ouna éstaka

GUIDE DES ACHATS

poêle à frire	una sartén	ouna sartén
réchaud	un infiernillo	oun innfiérnilyô
réchaud à gaz	un hornillo	oun ôrnilyô
sac à glace	un saco para hielo	oun sakô para iélô
sac de couchage	un saco de dormir	oun sakô dé dôrmir
sac de montagne	una mochila	ouna môtchila
seau	un cubo	oun koubô
table	una mesa	ouna méssa
table pliante	una mesa plegable	ouna méssa plégablé
tapis	una alfombra	ouna alfômbra
tente	una tienda de campaña	ouna tiénda dé kammpagna
thermos	un termo	oun térmô
tire-bouchon	un sacacorchos	oun sakakôrtchôs
tournevis	un destornillador	oun déstôrnilyadôr
trousse de premiers secours	un botiquín	oun bôtikinn
vache à eau	una garrafa para agua	ouna garrafa para agoua
vaisselle	vajilla	bakhilya

Couverts

couteaux	unos cuchillos	ounôs koutchilyôs
cuillers	unas cucharas	ounas koutcharas
cuillers à café	unas cucharillas	ounas koutcharilyas
fourchettes	unos tenedores	ounôs ténédôrés
(en) acier inoxydable	(de) acero inoxidable	(dé) aθérô inôksidablé
(en) plastique	(de) plástico	(dé) plastikô

Vaisselle

assiettes	unos platos	ounôs platôs
boîte à vivres	una fiambrera	ouna flammbréra
gobelet	un cubilete	oun koubilété
sous-tasses	unos platos pequeños	ounôs platôs pekégnôs
tasses	unas tazas	ounas taθas

GUIDE DES ACHATS

Coiffeur pour dames – Salon de beauté

Y a-t-il un salon de coiffure dans l'hôtel?	¿Hay una peluquería en el hotel?	aï ouna péloukéria én él ôtél
Puis-je prendre rendez-vous pour jeudi?	¿Puedo pedir hora para el jueves?	pouédô pédir ôra para él khouébés
Je voudrais une coupe et mise en plis.	Quiero que me lo corten y le den forma.	kiérô ké mé lô kôrten i lé dén fôrma
avec des boucles	con rizos	kôn riθôs
chignon	con un moño	kôn oun môgnô
coupe page	a lo paje	a lô pakhé
coupe au rasoir	cortado a navaja	kôrtadô a nabakha
frange	con flequillo	kôn flékilyô
ondulé	con ondas	kôn ôndas
Je voudrais …	Quisiera…	kissiéra
coloration	un tinte	oun tinnté
coup de peigne	un peinado	oun péinadô
décoloration	aclarármelo	aklararmélô
permanente	una permanente	ouna pérmanénté
retouche	un retoque	oun rétôké
shampooing et mise en plis	lavado y marcado	labadô i markadô
teinture	teñírmelo	tégnirmélô
Avez-vous une gamme de couleurs?	¿Tiene usted un muestrario?	tiéné oustéd oun mouéstrariô
même couleur	el mismo color	él mismô kôlôr
nuance plus foncée	un color más oscuro	oun kôlôr mas oskourô
nuance plus claire	un color más claro	oun kôlôr mas klarô
blond/brun/ châtain roux	rubio/moreno/ rojizo	roubiô/môrénô/ rôkhiθô
Je ne veux pas de laque.	No quiero laca.	nô kiérô laka
Je voudrais …	Quisiera…	kissiéra
manucure	una manicura	ouna manikoura
masque	una cara	ouna kara
pédicure	una pedicura	ouna pédikoura

POUR LES POURBOIRES, voir page 1

Coiffeur pour messieurs

Je ne parle pas bien espagnol.	**No hablo mucho español.**	nô ablô moutchô éspagnôl
Je suis pressé.	**Tengo prisa.**	téngô prissa
Je voudrais une coupe, s.v.p.	**Quiero un corte de pelo, por favor.**	kiérô oun kôrté dé pélô pôr fabôr
Pourriez-vous me raser?	**Quisiera que me afeitaran.**	kissiéra ké mé aféitarann
Ne coupez pas trop court.	**No me lo corte mucho.**	nô mé lô kôrté moutchô
Seulement avec les ciseaux, s.v.p.	**Sólo con tijeras, por favor.**	sôlô kôn tikhéras pôr fabôr
Une coupe au rasoir, s.v.p.	**A navaja, por favor.**	a nabakha pôr fabôr
N'utilisez pas la tondeuse, s.v.p.	**No use usted la maquinilla, por favor.**	nô oussé oustéd la makinilya pôr fabôr
C'est seulement pour rafraîchir.	**Sólo recórtemelo un poco, por favor.**	sôlô rékôrtémélô oun pôkô pôr fabôr
C'est assez court.	**Eso es bastante.**	éssô és bastannté
Coupez encore un peu ...	**Un poco más...**	oun pôkô mas
derrière	**por detrás**	pôr détras
sur la nuque	**en el cuello**	én el kouélyô
sur les côtés	**en los lados**	én lôs ladôs
dessus	**arriba**	arriba
Pas de brillantine, s.v.p.	**Por favor, no me dé ningún aceite.**	pôr fabôr, nô mé dé ninngoun aθéité
Voulez-vous, s.v.p. me rafraîchir ...	**¿Quiere usted recortarme...?**	kiéré oustéd rékôrtarmé
la barbe	**la barba**	la barba
les favoris	**las patillas**	las patilyas
la moustache	**el bigote**	él bigôté
Merci. Ça va ainsi.	**Gracias. Está muy bien.**	graθias. ésta moui bién
Combien vous dois-je?	**¿Cuánto le debo?**	kouanntô lé débô
Voici pour vous.	**Esto es para usted.**	éstô és para oustéd

POUR LES POURBOIRES, voir page 1

GUIDE DES ACHATS

Habillement

Si vous désirez acquérir quelque chose de précis, mieux vaut préparer votre achat en consultant la liste des vêtements, page 121. Réfléchissez à la couleur, au tissu et à la taille que vous désirez. Puis reportez-vous aux pages suivantes.

Généralités

Pouvez-vous me rendre service?	¿Puede usted ayudarme?	pouédé oustéd aïoudarmé
Pouvez-vous me montrer?	¿Puede usted enseñarme?	pouédé oustéd énségnarmé
Je ne fais que regarder.	Estoy sólo mirando.	éstoï sôlô miranndô
Je voudrais ...	Quisiera...	kissiéra
Je voudrais ... pour un garçon de 10 ans.	Quiero...para un niño de 10 años.	kiérô ... para oun nignô dé 10 agnôs
Celui qui est dans la vitrine me plaît.	Me gusta el que está en el escaparate.	mé gousta él ké ésta én él éskaparaté
Je voudrais quelque chose comme ceci.	Quiero algo como esto.	kiérô algô kômô éstô
Je voudrais une blouse en coton.	Quisiera una blusa de algodón.	kissiéra ouna bloussa dé algôdôn
Combien coûte le mètre?	¿Cuánto cuesta el metro?	kouanntô kouésta él métrô

Couleur

Je désire quelque chose en ...	Quiero algo en...	kiérô algô én
Je voudrais un ton plus foncé.	Quiero un tono más oscuro.	kiérô oun tônô mas ôskourô
Je voudrais quelque chose qui aille avec ceci.	Quiero algo que haga juego con esto.	kiérô algô ké aga khouégô kôn éstô
Je n'aime pas la couleur.	No me gusta el color.	nô mé gousta él kôlôr

argent	plata	plata
beige	beige	bëïkhé
blanc	blanco	blannkô
bleu	azul	aôoul
brun	marrón	marrôn
brun clair	marrón claro	marrôn klarô
cramoisi	carmesí	karméssi
crème	crema	kréma
écarlate	escarlata	éskarlata
émeraude	verde esmeralda	bérdé ésméralda
gris	gris	gris
jaune	amarillo	amarilyô
mauve	malva	malba
noir	negro	négrô
or	oro	ôrô
orange	naranja	narannkha
pourpre	purpúreo	pourpouréô
rose	rosa	rôssa
rouge	rojo	rôkhô
turquoise	turquesa	tourkéssa
vert	verde	bérdé

liso	rayas	lunares	cuadros	estampado
(lissô)	(raïas)	(lounarés)	(kouadrôs)	(éstammpadô)

Tissus

Avez-vous quelque chose en ...	¿Tiene usted algo en ...?	tiéné oustéd algô én
Est-ce importé?	¿Es eso importado?	és éssô immpôrtadô
Est-ce ...?	¿Está hecho ...?	ésta étchô
fait à la main/ fait ici	a mano/aquí	a manô/aki
Je veux quelque chose de plus mince.	Quiero algo más tenue.	kiérô algô mas ténoué

GUIDE DES ACHATS

| Avez-vous une meilleure qualité? | ¿Tiene usted una mejor calidad? | tiéné oustéd ouna mékhôr kalidad |
| En quoi est-ce fait? | ¿De qué está hecho? | dé ké ésta étchô |

Ce peut être en...

batiste	batista	batista
coton	algodón	algôdôn
crêpe	crepé	krépé
cuir	cuero	kouérô
daim	ante	annté
dentelle	encaje	énnkakhé
feutre	fieltro	fiéltrô
flanelle	franela	franéla
gabardine	gabardina	gabardina
laine	lana	lana
lin	lino	linô
nylon	nylon	nilôn
piqué	piqué	piké
poil de chameau	pelo de camello	pélô dé kamélyô
popeline	popelín	pôpélinn
rayonne	rayón	raïôn
satin	raso	rassô
serge	sarga	sarga
soie	seda	séda
taffetas	tafetán	tafétann
tissu éponge	tela de toalla	téla dé toalya
tulle	tul	toul
tweed	cheviot	tchébiôt
velours	terciopelo	térθiôpélô

Est-ce ...?	¿Es...?	és
artificiel	artificial	artifiθial
infroissable	inarrugable	inarrougablé
synthétique	sintético	sinntétikô
ne nécessite pas de repassage	no se necesita planchar	nô sé néθéssita planntchar

Taille

Qu'il s'agisse des habits ou des chaussures, les tailles espagnoles correspondent plus ou moins aux mensurations françaises, belges et suisses. Demandez qu'on prenne vos mesures ou essayez directement le vêtement.

J'ai la taille 38.	**Mi talla es la 38.**	mi talya és la tréinntaïôtchô
Pouvez-vous prendre mes mesures?	**¿Puede usted medirme?**	pouédé oustéd médirmé
Je ne connais pas les tailles espagnoles.	**No conozco las tallas españolas.**	nô kônôθkô las talyas éspagnôlas

Un bon essayage

Puis-je l'essayer?	**¿Puedo probármelo?**	pouédô prôbarmélô
Où est la cabine d'essayage?	**¿Dónde está el probador?**	dôndé ésta él probadôr
Y a-t-il un miroir?	**¿Tiene usted un espejo?**	tiéné oustéd oun éspékhô
Cela me va-t-il?	**¿Me queda bien?**	mé kéda bién
Cela me va très bien.	**Me está muy bien.**	mé ésta moui bién
Cela ne me va pas.	**No me está bien.**	nô mé ésta bién
C'est trop ...	**Es demasiado...**	és démassiadô
court	**corto**	kôrtô
long	**largo**	largô
étroit	**estrecho**	estrétchô
ample	**amplio**	ammpliô
Combien de temps prendra la retouche?	**¿Cuánto tardará el retoque?**	kouanntô tardara él rétôké
Je le voudrais dès que possible.	**Lo necesito lo antes posible.**	lô néééssitô lô anntés pôssiblé
Puis-je changer ceci?	**¿Puedo cambiar esto?**	pouédô kammbiar éstô

POUR LES NOMBRES, voir page 176

GUIDE DES ACHATS

Chaussures

Je voudrais une paire de ...	Quisiera un par de...	kissiéra oun par dé
bottes	botas	bôtas
chaussures	zapatos	θapatôs
pantoufles	zapatillas	θapatilyas
sandales	sandalias	sanndalias
Elles sont trop ...	Estas son demasiado...	éstas sôn démasiadô
étroites	estrechas	éstrétchas
grandes	grandes	granndés
larges	amplias	ammplias
petites	pequeñas	pékégnas
Elles me serrent trop.	Me hacen daño en los dedos.	mé aθén dagnô én lôs dédôs
Avez-vous une pointure plus grande?	¿Tiene una talla más grande?	tiéné ouna talya mas granndé
Je voudrais une pointure plus petite.	Quiero una talla más pequeña.	kiérô ouna talya mas pékégna
Avez-vous les mêmes en ...?	¿Tiene usted lo mismo en ...?	tiéné oustéd lô mismô én ...
beige/brun	beige/marrón	béïkhé/marrôn
blanc/noir	blanco/negro	blannkô/négrô
daim	ante	annté

Vos chaussures rendent-elles l'âme?

Pouvez-vous réparer ces chaussures?	¿Puede usted arreglar estos zapatos?	pouédé oustéd arréglar éstôs θapatôs
Pouvez-vous recoudre ceci?	¿Puede coser esto?	pouédé kôssér éstô
Je voudrais de nouvelles semelles et de nouveaux talons.	Quisiera nuevas suelas y tacones.	kissiéra nouébas souélas i takônés
Quand seront-ils prêts?	¿Cuándo estarán listos?	kouanndô éstarann listôs

Liste des vêtements et accessoires

Je voudrais ...	Quisiera ...	kissiéra
bas	unas medias	ounas médias
bikini	un bikini	oun bikini
blazer	un blazer	oun blaéér
blouse	una blusa	ouna bloussa
bonnet de bain	un gorro de baño	oun gôrrô dé bagnô
bottes	unas botas	ounas bôtas
bretelles	unos tirantes	ounôs tiranntés
caleçon	unos calzoncillos	ounôs kalθônθilyôs
cardigan	una chaqueta de punto	ouna tchakéta dé pountô
casquette	una gorra	ouna gôrra
ceinture	un cinturón	oun θinntourôn
châle	un chal	oun tchal
chapeau	un sombrero	oun sômbrérô
chaussettes	unos calcetines	ounôs kalθétinés
chaussures	unos zapatos	ounôs θapatôs
chaussures de tennis	unos zapatos de tenis	ounôs θapatôs dé ténis
chemise	una camisa	ouna kamissa
chemise de corps	una camiseta	ouna kamisséta
chemise de nuit	un camisón	oun kamissôn
collants	unos leotardos	ounôs léotardôs
combinaison de travail	unos guardapolvos	ounôs gouardapôlbôs
complet (hommes)	un traje	oun trakhé
cravate	una corbata	ouna kôrbata
écharpe	una bufanda	ouna boufannda
étole	una estola	ouna éstôla
foulard	una pañoleta	ouna pagnôléta
gaine	una faja	ouna fakha
gaine-culotte	una faja braga	ouna fakha braga
gants	unos guantes	ounôs gouanntés
gilet	un chaleco	oun tchalékô
jaquette	una chaqueta	ouna tchakéta
jarretelles	unas ligas	ounas ligas
jeans	unos tejanos	ounôs tékhanôs
jupe	una falda	ouna falda
jupon	una enagua	ouna énagoua
maillot de bain	un traje de baño	oun trakhé dé bagnô
manteau (femmes)	un abrigo	oun abrigô
manteau (hommes)	un gabán	oun gabann
manteau de pluie	un impermeable	oun immpérméablé
mouchoir	un pañuelo	oun pagnouélô

GUIDE DES ACHATS

négligé	un negligé	oun négligé
nœud papillon	una corbata de lazo	ouna kôrbata dé laθô
pantalon	unos pantalones	ounôs panntalônés
pantoufles de gymnastique	unas zapatillas unos zapatos de gimnasia	ounas θapatilyas ounôs θapatôs dé khimnassia
peignoir de bain	un albornoz	oun albôrnôθ
porte-jarretelles	un portaligas	oun pôrtaligas
pullover	un «pullover»	oun poulôbér
pyjama	un pijama	oun pikhama
robe	un vestido	oun béstidô
robe de chambre	una bata	ouna bata
robe du soir	un traje de noche	oun trakhé dé nôtché
salopettes	un mono	oun mônô
sandales	unas sandalias	ounas sanndalias
shorts	unos pantalones cortos	ounôs panntalônés kôrtôs
slip (dames)	unas bragas	ounas bragas
smoking	un smoking	oun smokinn
soutien-gorge	un sostén	oun sôstén
sweater	un suéter	oun souétér
tailleur	un vestido	oun béstidô
training	un chandal de entrenamiento	oun tchanndal dé éntrénamiéntô
T-shirt	una camiseta	ouna kamisséta
veste	una americana	ouna amérikana
vêtements pour enfants	vestidos para niños	béstidôs para nignôs

GUIDE DES ACHATS

boucle	una hebilla	ouna ébilya
boutons	unos botones	ounôs bôtônés
boutons de manchettes	unos gemelos	ounôs khémélôs
ceinture	un cinturón	oun θinntourôn
col	un cuello	oun kouélyô
élastique	un elástico	oun élastikô
fermeture éclair	una cremallera	ouna krémalyéra
lacets	unos cordones de zapatos	ounôs kôrdônés dé θapatôs
poche	un bolsillo	oun bôlsilyô
sac	un bolso	oun bôlsô

Librairie – Papeterie – Journaux

En Espagne, les librairies et les papeteries sont en général des magasins distincts, bien que les papeteries vendent souvent aussi des livres de poche. Journaux et magazines sont vendus dans les kiosques.

Où est ... le/la plus proche?	¿Dónde está... más cercano/cercana?	dôndé ésta ... mas θérkanô/θérkana
kiosque à journaux	el quiosco de periódicos	él kiôskô dé périôdikôs
librairie	la librería	la librêria
papeterie	la papelería	la papélêría
Où puis-je acheter un journal français?	¿Dónde puedo comprar un periódico francés?	dôndé pouédô kômprar oun périôdikô frannθés
Je voudrais ...	Quisiera...	kissiéra
bloc à dessin	un bloc de dibujo	oun blôk dé diboukhô
bloc-notes	un bloc de papel	oun blôk dé papél
boîte de couleurs	una caja de pinturas	ouna kakha dé pinntouras
cahier	un cuaderno	oun kouadérnô
carnet d'adresses	un librito de direcciones	oun librîtô dé dirékθiônés
carte géographique de la ville	un mapa de la ciudad	oun mapa dé la θioudad
routière	de carreteras	dé karrétéras
cartes postales	unas tarjetas postales	ounas tarkhétas pôstalés
colle	cola de pegar	kôla dé pégar
crayon	un lápiz	oun lapiθ
crayons de couleur	unos lápices de color	ounôs lapiθés dé kôlôr
dictionnaire français-espagnol	un diccionario francés-español	oun dikθiônariô frannθés-éspagnôl
dossier	una carpeta	ouna karpéta
encre	tinta	tinnta
bleue/noire/rouge	azul/negra/roja	aθoul/négra/rôkha
enveloppes	unos sobres	ounôs sôbrés
étiquettes	unas etiquetas	ounas étikétas
ficelle	cuerda	kouérda
gomme	una goma de borrar	ouna gôma dé bôrrar

GUIDE DES ACHATS

GUIDE DES ACHATS

grammaire	un libro de gramática	oun librô dé gramatika
guide touristique	una guía turística	ouna ghia touristika
jeu de cartes	unos naipes	ounôs naipés
journal	un periódico	oun périôdikô
belge	belga	bélga
français	francés	frannθés
suisse	suizo	souiθô
livre	un libro	oun librô
de poche	de bolsillo	dé bôlsilyô
magazine	una revista	ouna rébista
papier carbone	papel carbón	papél karbôn
papier collant	cinta adhesiva	θinnta adéssiba
papier à dessin	papel de dibujo	papél dé diboukhô
papier d'emballage	papel de envolver	papél dé émbôlbér
papier-machine	papel de máquina	papél dé makina
papier de soie	papel de seda	papél dé séda
punaises	unas chinchetas	ounas tchinntchétas
recharge pour stylo	un recambio para pluma	oun rékammbiô para plouma
règle	una regla	ouna régla
ruban de machine à écrire	una cinta para máquina de escribir	ouna θinnta para makina dé éskribir
serviettes en papier	unas servilletas de papel	ounas sérbilyétas dé papél
stylo à bille	un bolígrafo	oun bôligrafô
stylo à encre	una pluma estilográfica	ouna plouma éstilôgrafika
taille-crayons	un sacapuntas	oun sakapountas
timbres-poste	unos sellos	ounôs sélyôs
Où est le département des guides-livres?	¿Dónde está la sección de libros-guía?	dôndé ésta la sékθiôn dé librôs ghia
Où sont les livres français?	¿Dónde están los libros franceses?	dôndé éstann lôs librôs frannθéssés

Pharmacie – Droguerie

Pour les articles de parfumerie, vous vous adresserez, comme chez vous, à une *perfumeria*. Vous ne trouverez pas d'articles photographiques dans les drogueries espagnoles.

Pour vous permettre une lecture plus aisée, nous avons divisé ce chapitre en deux parties:
1. Pharmacie – médicaments, premiers soins, etc.
2. Articles de toilette, produits de beauté.

Où est la pharmacie (de service) la plus proche?	¿Dónde está la farmacia (de guardia) más cercana?	dôndé ésta la farmaθia (dé gouardia) mas θérkana
A quelle heure ouvre/ferme la pharmacie?	¿A qué hora abre/cierra la farmacia?	a ké ôra abré/, θiérra la farmaθia

1. Pharmacie

Je voudrais quelque chose contre ...	Quiero algo para ...	kiérô algô para
coups de soleil	las quemaduras del sol	las kémadouras dél sôl
«gueule de bois»	la resaca	la réssaka
mal de voyage	el mareo	él maréô
rhume	un catarro	oun katarrô
rhume des foins	la fiebre del heno	la fiébré dél énô
toux	una tos	ouna tôs
Pouvez-vous préparer cette ordonnance?	¿Puede usted prepararme esta receta?	pouédé oustéd prepararmé ésta réθéta
Faut-il attendre?	¿Espero?	éspérô
Quand puis-je revenir?	¿Cuándo vuelvo?	kouanndô bouélbô
Puis-je l'obtenir sans ordonnance?	¿Puede dármelo sin receta?	pouédé darmélô sinn réθéta

POUR LE MÉDECIN, voir page 162

GUIDE DES ACHATS

Puis-je avoir ...?	¿Puede darme...?	pouédé darmé
aspirines	unas aspirinas	ounas aspirinas
bandage	una venda	ouna bénda
calmant	un sedante	oun sédannté
contraceptifs	unos anticonceptivos	ounôs anntikônθéptibôs
coton hydrophile	algodón	algôdôn
crème antiseptique	una crema antiséptica	ouna kréma anntiséptika
désinfectant	un desinfectante	oun déssinnféktannté
emplâtres pour les cors	unos callicidas	ounôs kalyiθidas
gargarisme	algo para hacer gárgaras	algô para aθér gargaras
gaze	gasa	gassa
gouttes pour les oreilles	unas gotas para los oídos	ounas gôtas para lôs ôîdôs
gouttes pour les yeux	unas gotas para los ojos	ounas gôtas para lôs ôkhôs
huile de ricin	aceite de ricino	aθéité dé riθinô
laxatif	un laxante	oun laksannté
lotion contre les piqûres d'insectes	una loción contra los insectos	ouna lôθiôn kôntra lôs innséktôs
pastilles pour la gorge	unas pastillas para la garganta	ounas pastilyas para la gargannta
serviettes hygiéniques	unos paños higiénicos	ounôs pagnôs ikhiénikôs
somnifère	un somnífero	oun sômniférô
sparadrap	esparadrapo	ésparadrapô
tablettes de calcium	unas tabletas de calcio	ounas tablétas dé kalθio
tablettes pour diabétiques	unas tabletas para diabéticos	ounas tablétas para diabétikôs
tampons hygiéniques	unos tampones	ounôs tammpônés
teinture d'iode	yodo	iôdô
thermomètre	un termómetro	oun térmômétrô
trousse de secours	un botiquín	oun bôtikinn
vitamines	unas vitaminas	ounas bitaminas

¡VENENO!	POISON!
SOLO PARA USO EXTERNO	USAGE EXTERNE EXCLUSIVEMENT

2. Articles de toilette

astringent	un astringente	oun astrinnkhénté
blaireau	una brocha de afeitar	ouna brôtcha dé aféitar
brosse à dents	un cepillo de dientes	oun θépilyô dé diéntés
ciseaux à ongles	tijeras de uñas	tikhéras dé ougnas
crayon pour les yeux	un lápiz de ojos	oun lapiθ dé ôkhôs
une crème	una crema	ouna kréma
contre l'acné	para el acné	para él akné
de base	de maquillaje	dé makilyakhé
cold cream	nutritiva	noutritiba
pour les lèvres	cacao para los labios	kakaô para lôs labiôs
pour les mains	para las manos	para las manôs
de nuit	de noche	dé nôtché
pour les pieds	para los pies	para lôs piés
à raser	de afeitar	dé aféitar
solaire	solar	sôlar
démaquillant	una loción para quitar el maquillaje	ouna lôθiôn para kitar él makilyakhé
dentifrice	pasta de dientes	pasta dé diéntés
déodorant	un desodorante	oun déssôdôrannté
dissolvant	quita-esmalte	kitaésmalté
eau de toilette	agua de colonia	agoua dé kôlônia
épingles de sûreté	unos imperdibles	ounôs immpérdiblés
éponge	una esponja	ouna éspônkha
eye-liner	un perfilador de ojos	oun pérfiladôr dé ôkhôs
fard	colorete	kôlôrété
houpette	una borla para polvos	ouna bôrla para pôlbôs
huile solaire	un aceite solar	oun aθéité sôlar
kleenex	unos pañuelos de papel	ounôs pagnouélôs dé papél
lames de rasoir	unas hojas de afeitar	ounas ôkhas dé aféitar
lime à ongles	una lima de uñas	ouna lima dé ougnas
lotion après rasage	una loción para después del afeitado	ouna lôθiôn para déspoués dél aféitadô
mascara	pintura de pestañas	pinntoura dé péstagnas

GUIDE DES ACHATS

ombre à paupières	**una sombra de ojos**	ouna sômbra dé ôkhôs
papier hygiénique	**papel higiénico**	papél ikhiénikô
parfum	**un perfume**	oun pérfoumé
pince à épiler	**unas pinzas para depilar**	ounas pinnθas para dépilar
pince à ongles	**unos alicates de uñas**	ounôs alikatés dé ougnas
pinceau pour les lèvres	**un pincel para los labios**	oun pinnθél para lôs labiôs
poudre pour le visage	**unos polvos para la cara**	ounôs pôlbôs para la kara
rouge à lèvres	**un lápiz de labios**	oun lapiθ dé labiôs
savon	**jabón**	khabôn
à barbe	**de afeitar**	dé aféitar
shampooing	**champú**	tchammpou
talc	**polvos de talco**	pôlbôs dé talkô
tampons à démaquiller	**unas toallitas desmaquillantes**	ounas toalyitas désmakilyanntés
trousse de toilette	**una bolsa de tocador**	ouna bôlsa dé tôkadôr
vernis à ongles	**esmalte de uñas**	ésmalté dé ougnas

Pour vos cheveux

bigoudis	**unos rulos**	ounôs roulôs
brosse	**un cepillo para el pelo**	oun θépilyô para él pélô
coloration	**un reflejo para el pelo**	oun réflékhô para él pélô
épingles à cheveux	**unos pinches**	ounôs pinntchés
fixatif	**un fijador**	oun fikhadôr
huile	**brillantina**	brilyanntina
laque	**laca**	laka
peigne	**un peine**	oun péiné
pinces	**unas horquillas de pinza**	ounas ôrkilyas dé pinnθa
teinture	**una tintura**	ouna tinntoura

Pour votre bébé

bavette	**un babero**	oun babérô
culottes en plastique	**unas bragas de plástico**	ounas bragas dé plastikô
langes en papier	**pañales de papel**	pagnalés dé papél
tétine	**un chupete**	oun tchoupété

Photographie

Je voudrais un appareil photo bon marché.	**Quiero una cámara barata.**	kiérô ouna kamara barata
Montrez-moi celui qui est dans la vitrine.	**Enséñeme la del escaparate.**	énségnémé la dél éskaparaté

Films

Les temps de pose normaux sont généralement indiqués en plusieurs langues dans les instructions jointes à chaque film.

Je voudrais ...	**Quisiera ...**	kissiéra
cassette	**un carrete**	oun karrété
126 (24 × 24)	**ciento veintiséis**	θiéntô béïnntisséis
110 (pocket)	**ciento diez**	θiéntô diéθ
film pour cet appareil	**una película para esta cámara**	ouna pélikoula para ésta kamara
120 (6 × 6)	**ciento veinte**	θiéntô béïnnté
127 (4 × 4)	**ciento veintisiete**	θiéntô béïnntissiété
135 (24 × 36)	**ciento treinta y cinco**	θiéntô tréïnnta i θinnkô
film Polaroid	**un carrete Polaroid**	oun karrété pôlarôïd
film camera	**un rollo de película**	oun rôlyô dé pélikoula
8 mm	**ocho milímetros**	ôtchô milimétrôs
super 8	**super ocho**	soupér ôtchô
16 mm	**dieciséis milímetros**	diéθisséis milimétrôs
20/36 poses	**veinte/treinta y seis exposiciones**	béïnnté/tréïnnta i séïs ékspôssiθiônés
cette sensibilité en ASA/DIN	**este número de ASA/DIN**	ésté noumérô dé ASA/DIN
à grain fin	**de grano fino**	dé granô finô
noir et blanc	**en blanco y negro**	én blannkô i négrô
couleur	**en color**	én kôlôr
diapositives couleur	**diapositivas**	diapôssitibas
pour lumière du jour	**para luz del día**	para louθ dél dia
pour lumière artificielle	**para luz artificial**	para louθ artifiθial

POUR LES NOMBRES, voir page 176

Développement

Combien coûte le développement?	¿Qué cobra por el revelado?	ké kôbra pôr él rébéladô
Je voudrais ... épreuves de chaque négatif.	Quiero ... copias de cada negativo.	kiérô ... kôpias dé kada négatibô
brillant	con acabado de brillo	kôn akabadô dé brilyô
mat	con acabado mate	kôn akabadô maté
Veuillez m'en faire un agrandissement, s.v.p.	¿Haría usted una ampliación de ésta, por favor?	aria oustéd ouna ammpliaθiôn dé ésta, pôr fabôr

Accessoires

Je voudrais ...	Quisiera ...	kissiéra ...
ampoules/cubes flash	unas bombillas/ unos cubitos de flash	ounas bômbilyas ounôs koubitôs dé flach
pour noir et blanc	para blanco y negro	para blannkô i négrô
pour couleur	para color	para kôlôr
capuchon	un capuchón para el objetivo	oun kapoutchôn para él obkhétibô
filtre jaune/rouge ultraviolet	un filtro amarillo/rojo ultravioleta	oun filtrô amarilyô/rôkhô oultrabiôléta

Réparations

Cet appareil ne fonctionne pas. Pouvez-vous le réparer?	Esta cámara está estropeada. ¿Puede usted repararla?	ésta kamara ésta éstrôpéada. pouédé oustéd réparar la
Le film est coincé.	La película está atrancada.	la pélikoula ésta atrannkada
J'ai des ennuis avec le ...	Hay algo que va mal en ...	aï algô ké ba mal én ...
bouton de rebobinage	el enrollador	él énrôlyadôr
compteur d'images	la escala de exposiciones	la éskala dé ékspôssiθiônés
obturateur	el obturador	él obtouradôr
photomètre	el exposímetro	él ékspôssimétrô

Provisions

Voici une liste des principaux aliments et boissons dont vous pourriez avoir besoin lors d'un pique-nique ou d'un repas improvisé à la maison:

Je voudrais ...	Quisiera ...	kissiéra ...
bananes	unos plátanos	ounôs platanôs
beurre	mantequilla	manntékilya
biscuits	unas pastas	ounas pastas
bonbons	unos caramelos	ounôs karamélôs
café	café	kafé
chips	unas patatas fritas	ounas patatas fritas
chocolat	chocolate	tchôkôlaté
citrons	unos limones	ounôs limônés
concombre	un pepino	oun pépinô
cornichons	unos pepinillos	ounôs pépinilyôs
crackers	unas galletas saladas	ounas galyétas saladas
crème	nata	nata
farine	harina	arina
fromage	queso	késsô
galettes	unas galletas	ounas galyétas
gâteaux	unos bollos/ pasteles	ounôs bolyôs/ pastélés
glace	un helado	oun éladô
hamburger	una hamburgesa	ouna ammbourghéssa
huile	aceite	aθéité
jambon	jamón	khamôn
lait	leche	létché
laitue	una lechuga	ouna létchouga
limonade	una limonada	ouna limônada
moutarde	mostaza	môstaθa
œufs	huevos	ouébôs
oranges	naranjas	narannkhas
jus d'oranges	un zumo de naranja	oun θoumô dé narannkha
pain	pan	pann
petits pains	unos panecillos	ounôs panéθilyôs
pâté	paté	paté
poivre	pimienta	pimiénta
pommes	unas manzanas	ounas mannθanas
pommes frites	unas patatas fritas	ounas patatas fritas
pommes de terre	unas patatas	ounas patatas
porc	cerdo	θérdô

salade	**una ensalada**	ouna énsalada
salami	**un salchichón**	oun sal**tchi**tchôn
sandwiches	**unos bocadillos**	ounôs bôkadilyôs
saucisses	**unas salchichas**	ounas sal**tchi**tchas
sel	**sal**	sal
spaghetti	**espaguetis**	éspaghétis
sucre	**azúcar**	aθoukar
thé	**té**	té
tomates	**unos tomates**	ounôs tômatés
viande froide	**unos fiambres**	ounôs fiammbrés
vinaigre	**vinagre**	binagré

Et n'oubliez pas ...

allumettes	**unas cerillas**	ounas θérilyas
décapsuleur	**un abridor de botellas**	oun abridôr dé bôtélyas
ouvre-boîtes	**un abrelatas**	oun abrelatas
serviettes en papier	**unas servilletas de papel**	ounas sérbilyétas dé papél
tire-bouchon	**un sacacorchos**	oun sakakôrtchôs

barril	**un barril**	oun barril
boîte	**una caja**	ouna kakha
boîte de conserve	**una lata**	ouna lata
cageot	**un cajón**	oun kakhôn
carton	**un cartón**	oun kartôn
paquet	**un paquete**	oun pakété
pot	**un tarro**	oun tarrô
tube	**un tubo**	oun toubô

gramme	**un gramo**	oun gramô
kilo	**un kilogramo**	oun kilôgramô
litre	**un litro**	oun litrô

Souvenirs

L'industrie artisanale espagnole est de grande qualité et nous vous conseillons de fréquenter les antiquaires et les marchés aux puces, où le marchandage est affaire courante.

Dans les grandes villes, vous rencontrerez des boutiques portant la mention *Artesania*. C'est là que vous trouverez les produits de l'artisanat local. Demandez des adresses dans les centres d'information touristique. Une idée pour un souvenir durable est de vous faire confectionner sur mesure des chaussures ou un costume; ils sont bon marché et d'excellente qualité.

Voici quelques suggestions pour des articles que vous pourrez rapporter en souvenir ou comme cadeau:

affiches de corrida	**carteles de toros**	kartélés dé tôrôs
bijoux	**unas joyas**	ounas khôïas
boucles d'oreilles	**unos pendientes**	ounôs péndiéntés
broderie artisanale	**bordado de artesanía**	bôrdadô dé artéssania
cape de matador	**una montera**	ouna môntéra
castagnettes	**unas castañuelas**	ounas kastagnouélas
chapelet	**un rosario**	oun rôssariô
cruche avec bec et anses	**un botijo**	oun bôtikhô
cuir repoussé	**cuero repujado**	kouérô répoukhadô
cuivre	**cobre**	kôbré
dentelle	**unos encajes**	ounôs énkakhés
étui à cigarettes	**una caja para los cigarrillos**	ouna kakha para lôs θigarrilyôs
guitare	**una guitarra**	ouna ghitarra
mantille	**una mantilla**	ouna manntilya
massepain	**mazapán**	maθapann
nougat	**turrón**	tourrôn
outre	**una bota**	ouna bôta
poterie	**loza de barro**	lôθa dé barrô
poupée	**una muñeca**	ouna mougnéka
sculpture sur bois	**carpintería**	karpinntéria
tambourin	**una pandereta**	ouna panndéréta
valise	**una maleta**	ouna maléta

Votre argent : Banques – Change

Les banques sont généralement ouvertes de 9 h. à 14 h. Dans les grandes villes, il se trouvera certainement quelqu'un parlant français. Dans la plupart des centres touristiques, il existe de petits bureaux de change (*cambio*) ouverts en dehors des heures régulières et même parfois le dimanche et les jours fériés. Les taux de change sont à peu près partout les mêmes.

Si vous devez absolument changer de l'argent, adressez-vous à la gare ou à votre hôtel. N'oubliez pas de prendre votre passeport. On peut vous le demander.

Unité monétaire
Le système monétaire espagnol est basé sur la *peseta* (pésséta), abrégée *pta*.

Pièces de monnaie : 1, 2, 5, 10, 25, 50, 100 et 200 ptas.
Billets de banque : 100, 200, 500, 1000, 2000 et 5000 ptas.

Avant de partir pour la banque

Où est la banque la plus proche ?	¿Dónde está el banco más cercano ?	dôndé ésta él bannkô mas θérkanô
Où est le bureau de change le plus proche ?	¿Dónde está la oficina de cambio más cercana ?	dôndé ésta la ôfiθina dé kammbiô mas θérkana
A quelle heure ouvre/ferme la banque ?	¿A qué hora abre/cierra el banco ?	a ké ôra abré/θiérra él bannkô
Où puis-je encaisser un chèque de voyage ?	¿Dónde puedo cobrar un cheque de viaje ?	dôndé pouédô kôbrar oun tchéké dé biakhé

A l'intérieur

Français	Espagnol	Prononciation
Je voudrais changer des ...	Quiero cambiar ...	kiérô kammbiar
francs belges	francos belgas	frannkôs bélgas
francs français	francos franceses	frannkôs frannθéssés
francs suisses	francos suizos	frannkôs souiθôs
Quel est le cours du change ?	¿A cómo está el cambio?	a kômô ésta él kammbiô
Quelle commission prenez-vous ?	¿Qué comisión cargan?	ké kômissiôn kargann
Puis-je toucher un chèque à ordre ?	¿Puede hacer efectivo un cheque personal?	pouédé aθér éféktibô oun tchéké pérsônal
Combien de temps faut-il pour le vérifier ?	¿Cuánto tardará en tramitarlo?	kouanntô tardara én tramitarlô
Pouvez-vous envoyer un télex à ma banque à ... ?	¿Puede mandar un télex a mi banco en ... ?	pouédé manndar oun téléks a mi bannkô én
J'ai ...	Tengo ...	téngô
une carte de crédit	una tarjeta de crédito	ouna tarkhéta dé kréditô
une lettre de crédit	una garantía bancaria	ouna garanntia bannkaria
une lettre d'introduction de ...	un formulario de presentación de ...	oun fômoulariô dé présséntaθiôn dé
J'attends de l'argent de ... Est-il arrivé ?	Espero una transferencia de ... ¿Ha llegado ya?	éspérô ouna trannsférénθia dé ... a lyégadô ia
Donnez-moi, s.v.p. ... billets de ... et le reste en petite monnaie.	Déme ... en billetes de ... y el resto en dinero suelto.	démé ... én bilyétés dé ... i él réstô én dinérô souéltô
Pouvez-vous vérifier encore une fois, s.v.p. ?	¿Podría comprobar de nuevo, por favor?	pôdria kômprôbar dé nouébô pôr fabôr

BANQUE

POUR LES NOMBRES, voir page 176

Dépôts

Je désire déposer ceci sur mon compte.	**Quiero acreditar esto a mi cuenta.**	kiérô akréditar éstô a mi kouénta
Je désire déposer ceci sur le compte de M. ...	**Quiero acreditar esto a la cuenta del Señor ...**	kiérô akréditar éstô a la kouénta dél ségnôr ...
Où dois-je signer?	**¿Dónde debo firmar?**	dôndé débô firmar

Cours du change

A une époque où les cours sont fluctuants, nous ne pouvons vous proposer que ce tableau à compléter vous-même. Vous pourrez obtenir une liste des cours auprès d'une banque, d'une agence de voyages ou d'un office du tourisme. Mais ce tableau vous suffira comme référence.

Pesetas	Fr.B.	Fr.F.	Fr.S.
5			
25			
50			
100			
500			
1000			

A la poste

En Espagne, les bureaux de poste sont désignés par les mots *Correos y Telégrafos* (kôrréôs i télégrafôs). Les heures d'ouverture vont de 9 h. à 13.30 h. et de 17 h. à 19 h. (le samedi de 9 h. à 14 h.). Dans les grandes villes, vous trouverez des bureaux de poste ouverts en dehors des heures régulières. Pour l'étranger, cherchez une boîte aux lettres portant la mention *extranjero*. Si vous voulez des timbres, vous pouvez vous rendre dans un bureau de tabac.

Où est le bureau de poste le plus proche?	¿Dónde está la oficina de correos más cercana?	dôndé esta la ôfiθina dé kôrréôs mas θérkana
A quelle heure ouvre/ferme la poste?	¿A qué hora abren/cierran correos?	a ké ôra abrén/ θiérrann kôrréôs
Quel est le guichet des timbres?	¿A qué ventanilla debo ir para comprar sellos?	a ké béntanilya débô ir para kômprar sélyôs
A quel guichet puis-je toucher un mandat postal international?	¿En qué mostrador puedo hacer efectivo un giro postal internacional?	én ké môstradôr pouédô aθér éféktibô oun khirô pôstal inntérnaθiônal
Un timbre pour cette lettre/carte postale, s'il vous plaît.	Por favor, un sello para esta carta/ tarjeta.	pôr fabôr oun sélyô para ésta karta/ tarkhéta
Quel est le port d'une lettre pour ...?	¿Cuál es el franqueo para una carta para...?	koual és él frannkéô para ouna karta para
Quel est le port d'une carte postale pour ...?	¿Cuál es el franqueo para una tarjeta postal para...?	koual és él frannkéô para ouna tarkhéta pôstal para
la Belgique	Bélgica	bélkhika
la France	Francia	frannθia
la Suisse	Suiza	souiθa

POUR LES NOMBRES, voir page 176

Toutes les lettres partent-elles par avion ?	¿Van todas las cartas por vía aérea?	bann tôdas las kartas pôr bia aéréa
Je désire envoyer un paquet.	Quiero mandar un paquete.	kiérô manndar oun pakété
Dois-je remplir une déclaration pour la douane ?	¿Es necesario que cumplimente una declaración para la aduana?	és néθéssario ké koumpliménté ouna déklaraθiôn para la adouana
Je voudrais envoyer cette lettre par …	Quiero mandar esto por…	kiérô manndar éstô pôr
avion	correo aéreo	kôrréô aéréô
exprès	urgente	ourkhénté
recommandé	correo certificado	kôrréô θértifikadô
Où est la poste restante ?	¿Dónde está la Lista de Correos?	dônde ésta la lista dé kôrréôs
Y a-t-il du courrier pour moi ? Je m'appelle …	¿Hay correo para mí? Me llamo…	aï kôrréô para mi? mé lyamô

SELLOS	TIMBRES
PAQUETES	PAQUETS
GIROS POSTALES	MANDATS

Télégrammes

Je voudrais envoyer un télégramme. Veuillez me donner un formulaire, s.v.p.	Quiero mandar un telegrama. ¿Me da un impreso, por favor?	kiérô manndar oun télégrama. mé da oun imprréssô pôr fabôr
Combien coûte le mot ?	¿Cuánto cuesta por palabra?	kouanntô kouésta pôr palabra
Combien de temps faut-il à un télégramme pour arriver à Lausanne ?	¿Cuánto tardará un telegrama a Lausana?	kouanntô tardara oun télégrama a laoussana
Envoyez-le en PCV.	Quisiera que fuera con cobro revertido.	kissiéra ké fouéra kôn kôbrô rébértidô

Téléphone

Nombre de bars et de restaurants sont équipés d'un poste téléphonique. Pour ce qui concerne les communications internationales, renseignez-vous auprès de l'opératrice de votre hôtel ou rendez-vous à un service des téléphones. Mais rien ne vous empêche, naturellement, d'utiliser les cabines publiques portant l'indication *interurbanes* ou *internacionales*.

Généralités

Où est le téléphone ?	¿Dónde está el teléfono?	dôndé ésta él téléfônô
Où est la cabine téléphonique la plus proche ?	¿Dónde está la cabina de teléfonos más cercana?	dôndé ésta la kabina dé téléfônôs mas θérkana
Avez-vous l'annuaire téléphonique de Valladolid ?	¿Tiene usted una guía de teléfonos de Valladolid?	tiéné oustéd ouna ghia dé téléfônôs dé balyadôlid
Pouvez-vous m'aider à obtenir ce numéro ?	¿Me puede usted obtener este número?	mé pouédé oustéd obténér ésté noumérô

Téléphoniste

Parlez-vous français ?	¿Habla usted francés?	abla oustéd frannθés
Bonjour. Je voudrais le 12 34 56 à Madrid.	Buenos días. Quiero hablar con Madrid, número 12 34 56.	bouénôs dias. kiérô ablar kôn madrid noumérô 12 34 56
Puis-je téléphoner directement ?	¿Puedo marcar directamente?	pouédô markar diréktaménté
Je voudrais une communication avec préavis.	Quiero una llamada personal.	kiérô ouna lyamada pérsônal

Remarque : les numéros s'énoncent par paires.

POUR LES NOMBRES, voir page 176

Je voudrais téléphoner en PCV.	**Quiero que sea con cobro revertido.**	kiérô ké séa kôn kôbrô rébértidô
Voulez-vous me dire le prix de la communication quand j'aurai terminé?	**¿Puede decirme el coste de la llamada después?**	pouédé déθirmé él kôsté dé la lyamada déspoués

Code d'épellation

A	Antonio	anntônïô	N	Navarra	nabarra
B	Barcelona	barθélôna	Ñ	Ñoño	gnôgnô
C	Carmen	karmén	O	Oviedo	obiédô
CH	Chocolate	tchôkôlaté	P	Paris	paris
D	Dolores	dôlôrés	Q	Querido	kéridô
E	Enrique	énriké	R	Ramón	ramôn
F	Francisco	frannθiskô	S	Sábado	sabadô
G	Gerona	khérôna	T	Tarragona	tarragôna
H	Historia	istôria	U	Ulises	oulissés
I	Inés	inés	V	Valencia	balénθia
J	José	khôssé	W	Washington	ouachinntôn
K	Kilo	kilô	X	Xilófono	ksilôfônô
L	Lorenzo	lôrénθô	Y	Yegua	iégoua
LL	Llobregat	lyôbrégat	Z	Zaragoza	θaragôθa
M	Madrid	madrid			

Au téléphone

Allo. Ici ...	**Oiga. Aquí ...**	ôïga. aki
Je voudrais parler à ...	**Quiero hablar con ...**	kiérô ablar kôn
Pouvez-vous me mettre en communication avec ...?	**¿Querría comunicarme con ...?**	kérria kômounikarmé kôn
Est-ce ...?	**¿Es ...?**	és

Pas de chance

Essayez de rappeler plus tard, s.v.p.	**¿Querría intentarlo de nuevo más tarde?**	kérria inntèntarlô dé nouébô mas tardé

| Mademoiselle, vous m'avez donné un faux numéro. | Señorita, me ha dado un número equivocado. | ségnôrita mé a dado oun nouméro ékibôkadô |
| Nous avons été coupés. | Se ha cortado. | sé a kôrtadô |

Il n'y a personne

Quand sera-t-il/elle de retour?	¿Cuándo estará de vuelta?	kouanndô éstara dé bouélta
Pouvez-vous lui dire que j'ai appelé? C'est de la part de …	Dígale que he llamado. Mi nombre es…	digalé ké é lyamadô. mi nômbré és
Pouvez-vous prendre un message, s.v.p.?	¿Por favor, quiere tomar un recado?	pôr fabôr kiéré tômar oun rékadô

Taxes

| Quel est le prix de la communication? | ¿Cuál ha sido el coste de esa llamada? | koual a sidô él kôsté dé éssa lyamada |
| Je voudrais payer la communication. | Quiero pagar por la llamada. | kiérô pagar pôr la lyamada |

Hay una llamada para usted.	Il y a un appel pour vous.
¿A qué número llama?	Quel numéro demandez-vous?
Comunica.	La ligne est occupée.
No contestan.	On ne répond pas.
Tiene el número equivocado.	Ce n'est pas le bon numéro.
El teléfono está estropeado.	Le téléphone est hors service.
El/Ella no está ahora.	Il/Elle n'est pas là en ce moment.

TELEPHONE

La voiture

Nous commençons ce chapitre par des phrases dont vous pourriez avoir besoin lors d'un arrêt à une station-service. La plupart d'entre elles n'effectuent pas de réparations importantes, mais elles pourront vous aider à résoudre une foule de petits problèmes.

VOITURE – STATIONS-SERVICE

Où est la station-service la plus proche?	¿Dónde está la estación de servicio más cercana?	dôndé ésta la éstaθiôn dé sérbiθiô mas θérkana
Je voudrais ... litres de normale/super.	Quisiera...litros de la normal/de la super.	kissiéra ... litrôs de la nôrmal/dé la soupér
10/20/50	diez/veinte/cincuenta	diéθ/béïnnté/θinnkouénta
Donnez-moi pour ... pesetas d'essence.	Déme ... pesetas de gasolina.	démé ... péssétas dé gassôlina
Le plein, s.v.p.	Llénelo, por favor.	lyénélô, pôr fabôr
Veuillez vérifier le niveau d'huile, s.v.p.	Por favor, compruebe el aceite.	pôr fabôr, kômprouébé él aθéïté
Veuillez vérifier le niveau d'eau, s.v.p.	Por favor, compruebe el agua.	pôr fabôr, kômprouébé él agoua
Donnez-moi 2 litres d'huile.	Déme 2 litros de aceite.	démé dôs litrôs dé aθéïté
Mettez de l'eau distillée dans la batterie, s.v.p.	Llene la batería con agua destilada, por favor.	lyéné la batéria kôn agoua déstilada, pôr fabôr
Vérifiez le liquide des freins, s.v.p.	Compruebe el líquido de frenos, por favor.	kômprouébé él likidô dé frénôs, pôr fabôr
Veuillez faire une vidange et un graissage de la voiture, s.v.p.	Quiero servicio de revisión y engrase.	kiérô sérbiθiô dé rébissiôn i éngrassé
Veuillez ajouter un peu d'antigel.	Añada, por favor, un poco de anticongelante.	agnada, pôr fabôr, oun pôkô dé anntikônkhélannté

POUR LES NOMBRES, voir page 176

Pouvez-vous vérifier la pression des pneus?	¿Quiere mirar los neumáticos?	kiéré mirar lôs néoumatikôs
1,6 à l'avant	1,6 delanteras	ounô séis délanntéras
1,8 à l'arrière	1,8 traseras	ounô ôtchô trassèras
Vérifiez aussi la roue de secours, s.v.p.	Mire también la rueda de repuesto, por favor.	miré tammbién la rouéda dé répouéstô pôr fabôr
Pouvez-vous réparer ce pneu?	¿Puede arreglar este neumático?	pouédé arréglar ésté néoumatikô
Pouvez-vous changer cette roue?	¿Puede cambiar esta rueda?	pouédé kammbiar ésta rouéda
Pouvez-vous nettoyer le pare-brise?	¿Quiere limpiar el parabrisas?	kiéré limmpiar él parabrissas
Avez-vous une carte routière de la région?	¿Tiene un mapa de carreteras de esta comarca?	tiéné oun mapa dé karrétéras dé ésta kômarka
Où sont les toilettes?	¿Dónde están los servicios?	dônndé éstann lôs sérbiθiôs

Comment demander son chemin

Excusez-moi.	Perdóneme.	pérdônémé
Pouvez-vous m'indiquer la route de …?	¿Me puede decir cómo se va a …?	mé pouédé déθir kômô sé ba a
Comment va-t-on à …?	¿Cómo puedo ir a …?	kômô pouédô ir a
Où mène cette route?	¿Adónde lleva esta carretera?	adônndé lyéba ésta karrétéra
Sommes-nous bien sur la route de …?	¿Es ésta la carretera para …?	és ésta la karrétéra para
A quelle distance se trouve le prochain village?	¿A qué distancia se halla el próximo pueblo?	a ké distannθia sé alya él prôksimô pouéblô
A quelle distance suis-je de …?	¿Qué distancia hay desde aquí hasta …?	ké distannθia aï désdé aki asta

VOITURE – STATIONS-SERVICE

Se ha equivocado usted de carretera.	Vous vous êtes trompé de route.
Siga todo derecho.	Continuez tout droit.
Es hacia allí a ...	C'est là-bas à ...
la izquierda/la derecha	gauche/droite
Vaya al primer/segundo cruce.	Allez jusqu'au premier/second carrefour.
Doble a la izquierda en el semáforo.	Tournez à gauche aux prochains feux.
Doble a la derecha en la próxima esquina.	Tournez à droite au prochain coin de rue.

NORD
NORTE
(nôrté)

OUEST
OESTE
(ôésté)

EST
ESTE
(ésté)

SUD
SUR
(sour)

Le reste de ce chapitre est plus précisément consacré à la voiture elle-même. Nous l'avons divisé en deux parties:

La partie A contient des informations générales sur la circulation en Espagne: nous vous recommandons de la consulter à l'avance.

La partie B vous donne des indications pratiques en cas d'accident ou de panne. Elle comprend une liste des pièces détachées d'une voiture et énumère les diverses causes de panne. Il vous suffit de pointer le terme approprié pour vous faire comprendre par le mécanicien; puis, grâce aux pages suivantes spécialement conçues pour lui, il pourra facilement vous indiquer la réponse à vos problèmes.

Partie A

Douane – Documents

Les documents suivants vous sont nécessaires:

- passeport (ne doit pas être périmé de plus de 5 ans) ou carte d'identité
- carte verte
- permis de circulation
- permis de conduire national

La plaque de nationalité est obligatoire.

Quelques accessoires sont indispensables:

- un triangle rouge d'avertissement (que vous placerez sur la chaussée en cas d'accident)
- des ceintures de sécurité (pour les deux passagers des sièges avant)
- un casque doit être porté par les conducteurs et les passagers des motos et des scooters

Voici mon/ma ...	Aquí está mi...	aki ésta mi
carte verte	carta verde	karta bérdé
passeport	pasaporte	passapôrté
permis de circulation	certificado de matrícula	θértifikadô dé matrikoula
permis de conduire	carné de conducir	karné dé kôndouθir
Je n'ai rien à déclarer.	No tengo nada que declarar.	nô téngô nada ké déklarar
Nous resterons ...	Nos quedaremos...	nôs kédarémôs
3 jours	3 días	3 dias
une semaine	una semana	ouna sémana
2 semaines	dos semanas	dôs sémanas
un mois	un mes	oun més

Routes

En Espagne, les routes sont divisées comme suit :

N IV	Routes nationales, partant de Madrid
N. 4	Routes principales
C. 2	Routes secondaires

Les routes nationales, partant toutes de Madrid et conduisant à la côte ou à la frontière, sont en bon état. La plupart d'entre elles sont à deux voies. L'autoroute de la Méditerranée est en construction et des tronçons d'évitement existent autour de Madrid et entre Gérone et Barcelone.

Les routes de campagne, non classées, sont parfois en très mauvais état.

Si vous circulez à l'intérieur du pays, souvenez-vous que les stations-service ne sont pas aussi nombreuses que sur la côte ; nous vous recommandons de vous munir d'un jerrycan d'essence, d'une bouteille d'eau distillée, ainsi que d'un assortiment de pièces détachées que vous obtiendrez chez votre garagiste habituel.

Vous remarquerez que les Espagnols, qui sont de bons conducteurs bien qu'un peu nerveux, ont l'habitude d'utiliser leur avertisseur plus qu'il semble nécessaire. Les routes de campagne sont souvent obstruées par des ânes, du bétail ou des charrettes de paysans qui peuvent se présenter à la vue au dernier moment, en particulier après un virage ou le sommet d'une colline. Nous vous conseillons donc de conduire prudemment.

La police est bien sûr très compréhensive à l'égard des touristes, mais n'abusez pas de la situation. Les petites infractions à la loi routière vous seront facturées sur place. Voici quelques phrases qui vous seront utiles lors d'une éventuelle confrontation avec la *Guardia Civil* (**gouar**dia θibil). Lors d'un conflit important, demandez l'assistance d'un interprète.

Excusez-moi. Je n'ai pas vu la signalisation.	**Lo siento. No he visto la indicación.**	lô siéntô. nô é bistô la inndikaθiôn
Le feu était vert.	**El semáforo estaba verde.**	él sémafôrô éstaba bérdé
Je ne comprends pas.	**No entiendo.**	nô éntiéndô
A combien s'élève l'amende ?	**¿Cuánto es la multa ?**	kouanntô és la moulta

Stationnement

Pardon. Puis-je garer ma voiture ici ?	**Perdone. ¿Puedo aparcar aquí ?**	pérdôné. pouédô aparkar aki
Combien de temps puis-je stationner ici ?	**¿Cuánto tiempo puedo aparcar aquí ?**	kouanntô tiémpô pouédô aparkar aki
Quelle est la taxe de stationnement ?	**¿Cuánto cuesta aparcar aquí ?**	kouanntô kouésta aparkar aki
Dois-je laisser mes feux de position ?	**¿Tengo que dejar las luces encendidas ?**	téngô ké dékhar las louθés énθénndidas
Excusez-moi. Avez-vous de la monnaie pour le parcomètre ?	**Perdone. ¿Tiene suelto para el parquímetro ?**	pérdôné. tiéné souéltô para él parkimétrô

VOITURE – RENSEIGNEMENTS

Signaux de circulation

Voici quelques-uns des signaux et panneaux de circulation parmi les plus importants que vous pourrez rencontrer en Espagne. Il est recommandé de les étudier à l'avance, tout comme ceux figurant sur les pages 160–161, car vous ne pourrez guère les déchiffrer et conduire en même temps.

ADUANA	Douane
AL PASO	Roulez lentement
¡ALTO!	Stop
APARCAMIENTO	Parc
ATENCION	Attention
AUTOPISTA (DE PEAJE)	Autoroute (à péage)
CALZADA DETERIORADA	Chaussée déformée
CAÑADA	Passage étroit
CARRETERA CORTADA	Route coupée
CEDA EL PASO	Cédez le passage
CENTRO URBANO	Centre ville
CRUCE PELIGROSO	Croisée dangereuse
CUIDADO	Attention
CURVA PELIGROSA	Virage dangereux
DESPACIO	Ralentir
DESVIACION	Déviation
DIRECCION PROHIBIDA	Sens interdit
DIRECCION UNICA	Sens unique
ENCIENDA LAS LUCES	Allumez vos phares
ESCUELA	Ecole
ESTACIONAMIENTO PROHIBIDO	Stationnement interdit
ESTACIONAMIENTO REGLAMENTADO	Stationnement réglementé
FUERTE DECLIVE	Forte pente
OBRAS	Travaux
PASO DE GANADO	Passage de bétail
PASO A NIVEL	Passage à niveau
PASO PROHIBIDO	Entrée interdite
PEATONES	Piétons
PELIGRO	Danger
PROHIBIDO ADELANTAR	Dépassement interdit
PROHIBIDO EL PASO	Passage interdit
PUESTO DE SOCORRO	Poste de secours
SALIDA DE FABRICA	Sortie d'usine
ZONA AZUL	Zone bleue

Partie B

Accidents

Cette partie est consacrée aux premiers secours. Vos préoccupations immédiates seront pour les blessés.

Y a-t-il des blessés?	¿Hay algún herido?	aï algoun éridô
Ne bougez pas.	No se mueva.	nô sé mouéba
Tout va bien, ne vous inquiétez pas.	Todo está bien. No se preocupe.	tôdô ésta bién. nô sé préôkoupé
Où est le téléphone le plus proche?	¿Dónde está el teléfono más cercano?	dônde ésta él téléfônô mas θérkanô
Puis-je utiliser votre téléphone? Il y a eu un accident.	¿Puedo usar su teléfono? Ha habido un accidente.	pouédô oussar sou téléfônô. a abidô oun akθidénté
Vite, appelez un médecin/une ambulance.	Llamen en seguida a un doctor/una ambulancia.	lyamén én séghida a oun dôktôr/ouna ammboulannθia
Il y a des blessés.	Hay gente herida.	aï khénté érida
Aidez-moi à les dégager de la voiture.	Ayúdeme a sacarlos del coche.	aïoudémé a sakarlôs dél kôtché

Police – Echange d'informations

Appelez la police, s.v.p.	Llamen a la policía, por favor.	lyamén a la pôliθia pôr fabôr
Un accident a eu lieu à ... à environ 2 km de ...	Ha habido un accidente en ... a unos 2 kilómetros de ...	a abidô oun akθidénté én ... a ounôs dôs kilômétrôs dé
Je suis sur la route Gérone-Barcelone, à 25 km de Barcelone.	Estoy en la carretera de Gerona a Barcelona, a 25 kilómetros de Barcelona.	éstoï én la karrétéra dé khérôna a barθélôna a ... kilômétrôs dé barθélôna
Voici mon nom et mon adresse.	Estos son mi nombre y dirección.	éstôs sôn mi nômbré i dirékθiôn

VOITURE – ACCIDENTS

VOITURE – REPARATIONS

| Acceptez-vous d'être témoin? | ¿Quisiera usted servir de testigo? | kissiéra oustéd sérbir dé testigô |
| Je voudrais un interprète. | Quisiera un intérprete. | kissiéra oun inntérprété |

Panne

Nous traiterons cette rubrique en quatre points:

1. *Sur la route*
   Vous demandez où est le garage le plus proche.
2. *Au garage*
   Vous expliquez au mécanicien ce qui ne fonctionne pas.
3. *Causes de la panne*
   Il vous indique la défectuosité.
4. *La réparation*
   Vous lui demandez de réparer la voiture, après quoi vous réglez la facture (ou vous en discutez le montant).

1. Sur la route

Où est le garage le plus proche?	¿Dónde está el garaje más cercano?	dônde ésta él garakhé mas θérkanô
Excusez-moi. Ma voiture est tombée en panne. Puis-je me servir de votre téléphone?	Perdóneme. Mi coche se ha estropeado. ¿Puedo usar su teléfono?	pérdônémé. mi kôtché sé a éstrôpéadô. pouédô oussar sou téléfônô?
Quel est le numéro de téléphone du garage le plus proche?	¿Cuál es el número de teléfono del garaje más cercano?	koual és él nouméro dé téléfônô dél garakhé mas θérkanô
Je suis tombé en panne à ...	Tengo mi coche estropeado en...	téngô mi kôtché éstrôpéadô én
Pouvez-vous m'envoyer un mécanicien?	¿Puede usted mandar un mecánico?	pouédé oustéd manndar oun mékanikô

| Pouvez-vous m'envoyer une dépanneuse? | ¿Puede usted mandar una grúa para remorcar mi coche? | pouédé oustéd manndar ouna groua para rémôlkar mi kôtché |
| Dans combien de temps arriverez-vous? | ¿Cuánto tardarán? | kouannto tardarann |

2. Au garage

Pouvez-vous m'aider?	¿Puede usted ayudarme?	pouédé oustéd aïoudarmé
J'ignore ce qui ne fonctionne pas.	No sé lo que le pasa.	nô sé lô ké lé passa
Je crois que c'est ... qui ne fonctionne pas.	Creo que hay algo que no va bien en ...	kréô ké aï algô ké nô ba bién én ...
allumage	encendido	énθéndidô
amortisseur	amortiguador	amôrtigouadôr
ampoules	bombillas	bômbilyas
avertisseur	claxon	klaksôn
batterie	batería	batéria
bougies	bujías	boukhias
câbles	cables	kablés
carburateur	carburador	karbouradôr
chauffage	calefacción	kaléfakθiôn
commutateur phare-code	luces bajas	louθés bakhas
contact	contacto	kôntaktô
démarreur	arrancador	arrannkadôr
direction	dirección	dirékθiôn
dynamo	generador	khénéradôr
embrayage	embrague	émbraghé
essuie-glaces	limpiaparabrisas	limmpiaparabrissas
feux	luces	louθés
feux arrière	luces traseras	louθés trasséras
feux de croisement	luces de cruce	louθés dé krouθé
feux de recul	luz de marcha atrás	louθ dé martcha atras
témoin des freins	luz del freno	louθ dél frénô
frein à main	freno de mano	frénô dé manô
générateur	generador	khénéradôr
indicateur de vitesse	indicador de velocidad	inndikadôr dé bélôθidad

VOITURE – REPARATIONS

VOITURE – REPARATIONS

moteur	**motor**	môtôr
pédale	**pedal**	pédal
phare	**faro**	farô
pompe à essence	**bomba de gasolina**	bômba dé gassôlina
pot d'échappement	**tubo de escape**	toubô dé éskapé
radiateur	**radiador**	radiadôr
réflecteurs	**reflectores**	réfléktôrés
réservoir	**depósito**	dépôssitô
roues	**ruedas**	rouédas
siège	**asiento**	assiéntô
suspension	**suspensión**	souspénsiôn
système électrique	**sistema eléctrico**	sistéma éléktrikô
système de lubrification	**sistema de lubrificación**	sistéma dé loubrifikaθiôn
système de refroidissement	**sistema de enfriamiento**	sistéma dé énfriamiéntô
toit ouvrant	**techo deslizante**	tétchô désliθanntè
transmission automatique	**transmisión automática**	trannsmissiôn aoutômatika
ventilation	**ventilación**	béntilaθiôn
vitesses	**caja de cambios**	kakha dé kammbiôs

DROIT	GAUCHE		AVANT	ARRIÈRE
DERECHA	**IZQUIERDA**		**DELANTE**	**DETRÁS**
(dérétcha)	(iθkiérda)		(délannté)	(détras)

Il/Elle ...	**Está...**	ésta ...
fait du bruit	**haciendo ruido**	aθiéndô rouidô
est brûlé	**quemado**	kémadô
est cassé	**roto**	rôtô
chauffe	**calentando**	kaléntanndô
cogne	**golpeando**	gôlpéanndô
a un court-circuit	**fundido**	foundidô
a crevé	**pinchado**	pinntchadô
a explosé	**reventado**	rébéntadô
est déconnecté	**desconectado**	déskônéktadô
a un défaut	**fallando**	falyanndô
est défectueux	**defectuoso**	déféktouôssô
est détendu	**flojo**	flôkhô
s'est dégonflé	**deshinchado**	déssinntchadô
est desserré	**suelto**	souéltô
est dévissé	**destornillado**	déstôrnilyadô

est fêlé	resquebrajado	réskébrakhadô
fuit	goteanдo	gôtéanndô
est gelé	helado	éladô
a du jeu	moviéndose	môbiéndôssé
patine	resbaladizo	résbaladiθô
est à sec	seco	sékô
usé	gastado	gastadô
vibre	vibrando	bibranndô

Le moteur chauffe trop.	El motor calienta demasiado.	él môtôr kaliénta démassiadô
Le/La … ne fonctionne pas.	… no funciona.	… nô founθiôna
La voiture ne démarre pas.	El coche no arranca.	él kôtché nô arrannka
Elle est fermée et la clé est à l'intérieur.	Está cerrado con llave y las llaves han quedado dentro.	ésta θérradô kôn lyabé i las lyabés ann kédadô déntrô
Le radiateur fuit.	El radiador tiene un escape.	él radiadôr tiéné oun éskapé
Veuillez faire le service d'entretien et de graissage.	Quiero servicio de revisión y engrase.	kiérô sérbiθiô dé rébissiôn i éngrassé
L'embrayage s'enclenche trop vite.	El embrague embraga demasiado rápido.	él émbraghé émbraga démassiadô rapidô
Le volant vibre.	El volante vibra.	él bôlannté bibra
Les pare-brise sont sales.	Los parabrisas están sucios.	lôs parabrissas éstann souθiôs
La suspension est faible.	La suspensión es débil.	la souspénsiôn és débil
Le/La … a besoin d'un réglage.	El/La … necesita ajuste.	él/la … néθéssita akhousté

Vous venez d'expliquer ce qui ne va pas. Il faut maintenant vous informer de la durée de la réparation.

Combien de temps vous faut-il pour effectuer la réparation ?	¿Cuánto tiempo le llevará el repararlo?	kouanntô tiémpô lé lyébara él répararlô

Combien de temps faudra-t-il pour trouver ce qui ne va pas ?	¿Cuánto tardarán en encontrar la avería?	kouanntô tardarann én énkôntrar la abéria
Puis-je revenir dans une demi-heure ?	¿Podré volver dentro de media hora?	pôdré bôlbér déntrô dé média ôra
Pouvez-vous me conduire en ville ?	¿Puede usted llevarme hasta la ciudad?	pouédé oustéd lyébarmé asta la θioudad

3. Causes de la panne

C'est maintenant au mécanicien de localiser la panne et d'y remédier. Quant à vous, montrez-lui le texte en espagnol qui suit :

Haga el favor de mirar la lista alfabética siguiente e indique el elemento defectuoso. Si el cliente quiere saber cuál es la avería, escoja la palabra (roto, corto-circuitado, etc.) de la lista de las páginas 156–157.*

agua destilada	eau distillée
amortiguador	amortisseur
árbol de levas	arbre à cames
armadura del motor de arranque	armature du démarreur
batería	batterie
bloque	bloc
bobina	bobine
bomba	pompe
bomba de agua	pompe à eau
bomba de gasolina	pompe à essence
bomba de inyección	pompe à injection
bujías	bougies
cable	câble
cables de bujías	câbles des bougies
cable del distribuidor	câble du distributeur

---

* Prière de parcourir la liste alphabétique ci-dessous et d'y indiquer la pièce défectueuse. Si votre client veut connaître la cause de la panne, pointez le terme adéquat (abîmé, court-circuité, etc.) que vous trouverez aux pages 156-157.

caja de cambios	boîte à vitesses
caja de dirección	boîte de direction
carburador	carburateur
cárter	carter
cigüeñal	vilebrequin
cilindro	cylindre
cojinetes	coussinets
columna de dirección	colonne de direction
condensador	condensateur
conexión	connection
contacto	contact
correa del ventilador	courroie du ventilateur
culata	culasse
diafragma	diaphragme
dientes	dents
dirección	direction
disco del embrague	disque d'embrayage
distribuidor	distributeur
eje	axe de transmission
embrague	embrayage
engranaje	engrenage
escobillas	balais
estabilizador	stabilisateur
filtro	filtre
filtro de aire	filtre à air
filtro/bomba de aceite	filtre/pompe à huile
filtro de gasolina	filtre à essence
flotador	flotteur
forro	garniture
freno	frein
generador	dynamo
grasa	graisse
interruptor de luces	interrupteur (lumière)
junta	joint
junta de la culata	joint de culasse
junta principal	joint de cardan
líquido de la batería	liquide de la batterie
motor	moteur
motor de arranque	starter
muelles	ressorts
muelles del embrague	ressorts de l'embrayage
muelle de la válvula	ressort de la valve
pedal del embrague	pédale d'embrayage
piñón de ataque	crémaillère et pignons
pistón	piston
platinos	vis platinée

VOITURE – REPARATIONS

radiador	radiateur
rótulas de la barra de acoplamiento	rotules de l'axe d'accouplement
ruedas	roues
segmentos	segments
segmentos del pistón	segments du piston
sistema de enfriamiento	système de refroidissement
sistema eléctrico	système électrique
soporte	support
suspensión	suspension
suspensión hydroneumática	suspension pneumatique
tambor del freno	tambour du frein.
termostato	thermostat
transmisión	transmission
transmisión automática	transmission automatique
tubos	tuyaux
válvula	valve
varillas	tiges
ventilador	ventilateur
zapata	mâchoire de frein

La lista siguiente contiene palabras que describen lo que ocurre, así como la reparación que es necessario hacer.*

aflojar	détendre
ajustar	ajuster
alabeado	déformé
alto	haut
apretar	serrer
atascado	coincé
bajo	bas
calienta demasiado	chauffe trop
cambiar	changer
cargar	charger
corroído	oxydé
defectuoso	défectueux
desconectado	déconnecté
desmontar	démonter
engranar	engrener
equilibrar	équilibrer

* La liste suivante contient des termes désignant la cause de la panne et le moyen de la réparer.

escapar	échapper	
falla	a un défaut	
flojo	détendu	
fundido	court-circuité	
golpea	tape	
gotea	fuit	
hace juego	a du jeu	
helado	gelé	
limpiar	nettoyer	
pinchado	crevé	
pinchazo	crevaison	
quemado	brûlé	
rápido	rapide	
reajustar	réajuster	
reemplazar	remplacer	
resbaladizo	patine	
resquebrajado	fissuré	
reventado	éclaté	
roto	cassé	
seco	sec	
sucio	sale	
suelto	lâche	
vibra	vibre	

4. Réparation

Avez-vous trouvé la défectuosité?	¿Ha encontrado usted la avería?	a énkôntradô ousted la abéria

Vous avez maintenant une idée plus ou moins précise sur la cause de la panne. Mais vous désirez d'autres indications...

Est-ce grave?	¿Es eso grave?	és éssô grabé
Pouvez-vous le réparer?	¿Puede repararlo?	pouédé répararlô
Combien cela va-t-il coûter?	¿Cuánto me va a costar?	kouanntô mé ba a kôstar
Avez-vous les pièces de rechange nécessaires?	¿Tiene las piezas de recambio necesarias?	tiéné las piéθas dé rékammbiô néθéssarias

VOITURE – REPARATIONS

Et si le mécanicien dit «non»?

Pourquoi ne pouvez-vous pas le réparer?	¿Por qué no puede hacerlo?	pôr ké nô pouédé aθérlô
Cette pièce est-elle indispensable?	¿Es imprescindible que tenga esa pieza?	és immprésθinndiblé ké ténga éssa piéθa
Combien de temps vous faut-il pour vous procurer les pièces de rechange?	¿Cuánto demorará en conseguir las piezas de recambio?	kouanntô démôrara én kônséghir las piéθas dé rékammbiô
Où est le garage le plus proche qui puisse me le réparer?	¿Cuál es el garaje más cercano que puede repararlo?	koual es él garakhé mas θérkanô ké pouédé répararlô
Pouvez-vous me faire une réparation provisoire qui me permette d'aller jusqu'à ...?	¿Puede hacer una reparación provisional de modo que pueda llegar a ...?	pouédé aθér ouna réparaθiôn prôbissiônal dé môdô ké pouéda lyégar a

Si vous ne pouvez plus rouler, demandez s'il vous est possible de laisser la voiture au garage. Prenez contact avec une association automobile ou louez une autre voiture.

La facture

Tout est-il en ordre?	¿Ya está todo arreglado?	ia ésta tôdô arréglado
Combien vous dois-je?	¿Cuánto le debo?	kouanntô lé débô
Acceptez-vous les chèques de voyage?	¿Me tomaría usted un cheque de viajero?	mé tômaria oustéd oun tchéké dé biakhérô
Merci beaucoup pour votre aide.	Muchas gracias por su ayuda.	moutchas graθias pôr sou aïouda
Voici pour vous.	Esto es para usted.	éstô és para oustéd

Si vous avez l'impression que le travail n'a pas été fait correctement ou que le montant est trop élevé, demandez une facture détaillée.

Je voudrais d'abord contrôler la facture.	**Quisiera comprobar la factura primero.**	kissiéra kômprôbar la faktoura primérô
Pouvez-vous m'en indiquer le détail ?	**¿Podría especificar el trabajo realizado?**	pôdria éspéθifikar él trabakhô réaliθadô

Si le garagiste ne veut pas admettre son tort alors que vous êtes sûr de votre bon droit, demandez l'assistance d'un tiers.

VOITURE – REPARATIONS

POUR LES NOMBRES, voir page 176

Panneaux de signalisation internationaux

- Interdiction de circuler
- Sens interdit
- Dépassement interdit
- Interdiction de croiser
- Vitesse maximale
- Interdiction de parquer
- Danger
- Intersection
- Virage dangereux
- Chaussée rétrécie
- Intersection avec route sans priorité
- Circulation en sens inverse
- Descente dangereuse
- Cassis
- Chutes de pierres
- Cédez le passage

161

Route principale	Fin de l'interdiction		Panneau de déviation
Sens obligatoire	Sens giratoire	Piste cyclable	Réservé aux piétons
Vitesse minimale	Obstacle à contourner par la droite	Parking	Hôpital
Autoroute	Réservé aux véhicules à moteur	Station-service	Cul-de-sac

Médecin

Soyons francs: à quoi peut bien vous servir un manuel en cas de blessure grave ou de maladie? La seule phrase à mémoriser est alors, en cas d'urgence:

| Vite, un médecin! | ¡Un doctor, rápidamente! | oun dôktôr, rapidaménté |

Il y a pourtant des maux, des douleurs, des malaises et des troubles bénins qui peuvent bouleverser le voyage le mieux organisé. C'est dans ces cas-là que nous pouvons vous être utile.

Il arrive que le médecin parle français, ou qu'il en sache assez pour vous comprendre. Mais supposons que des problèmes de langue l'empêchent de vous donner une explication. Nous y avons pensé. Comme vous le constaterez, ce chapitre a été conçu de façon à établir le dialogue entre le médecin et vous. Aux pages 165 à 171, ce que vous aurez à dire figure dans la partie supérieure de la page; le médecin utilisera la partie inférieure.

Le chapitre est divisé en trois parties: la maladie, les blessures, la tension nerveuse. A la page 171, nous traiterons des ordonnances et des honoraires.

Généralités

J'ai besoin d'un médecin, vite.	Necesito un doctor, rápidamente.	néθéssitô oun dôktôr rapidaménté
Pouvez-vous trouver un médecin?	¿Puede usted buscarme un doctor?	pouédé oustéd bouskarmé oun dôktôr
Y a-t-il un médecin ici?	¿Hay un médico aquí?	aï oun médikô aki
Téléphonez immédiatement à un médecin, s.v.p.	Por favor, llame al médico inmediatamente.	pôr fabôr, lyamé al médikô innmédiataménté
Où y a-t-il un médecin qui parle français?	¿Dónde hay un doctor que hable francés?	dônndé aï oun dôktôr ké ablé frannθés

Où est le cabinet du médecin?	¿Dónde es la consulta?	dôndé és la kônsoulta
Quelles sont les heures de consultation?	¿Cuáles son las horas de consulta?	koualés sôn las ôras dé kônsoulta
Le médecin peut-il venir me voir ici?	¿Podría el médico venir a reconocerme aquí?	pôdria él médikô bénir a rékônôθérmé aki
A quelle heure le médecin peut-il venir?	¿A qué hora puede venir el doctor?	a ké ôra pouédé bénir él dôktôr

Symptômes

Ce chapitre doit vous permettre d'exposer au médecin ce qui ne va pas. Il voudra probablement savoir:

Ce que vous avez (maux, douleurs, contusions, etc.)
Où vous avez mal (au bras, à l'estomac, etc.)
Depuis combien de temps

Avant de consulter le médecin, cherchez les réponses à ces questions en parcourant les pages suivantes. Ainsi, vous gagnerez du temps.

Parties du corps

amygdales	amígdalas	amigdalas
appendice	apéndice	apéndiθé
artère	arteria	artéria
articulation	articulación	artikoulaθiôn
bouche	boca	bôka
bras	brazo	braθô
cheville	tobillo	tôbilyô
clavicule	clavícula	klabikoula
cœur	corazón	kôraθôn
colonne vertébrale	columna	kôloumna
côte	costilla	kôstilya
cou	cuello	kouélyô
coude	codo	kôdô
cuisse	muslo	mouslô

MEDECIN

doigt	**dedo**	dédô
épaule	**espalda**	éspalda
estomac	**estómago**	éstômagô
foie	**hígado**	igadô
front	**frente**	frénté
genou	**rodilla**	rôdilya
glande	**glándula**	glanndoula
gorge	**garganta**	gargannta
hanche	**cadera**	kadéra
intestins	**intestinos**	inntéstinôs
jambe	**pierna**	piérna
joue	**mejilla**	mékhilya
langue	**lengua**	léngoua
lèvre	**labio**	labiô
mâchoire	**mandíbula**	manndiboula
main	**mano**	manô
menton	**barbilla**	barbilya
muscle	**músculo**	mouskoulô
nerf	**nervio**	nérbiô
nez	**nariz**	nariθ
œil	**ojo**	ôkhô
oreille	**oreja**	ôrékha
orteil	**dedo del pie**	dédô dél pié
os	**hueso**	ouéssô
peau	**piel**	piél
pied	**pie**	pié
poignet	**muñeca**	mougnéka
poitrine	**pecho**	pétchô
poumon	**pulmón**	poulmôn
rein	**riñón**	rignôn
rotule	**rótula**	rôtoula
sang	**sangre**	sanngré
système nerveux	**sistema nervioso**	sistéma nérbiôssô
talon	**talón**	talôn
tendon	**tendón**	téndôn
tête	**cabeza**	kabéθa
urine	**orina**	ôrina
veine	**vena**	béna
vésicule	**vesícula**	béssikoula
vessie	**vejiga**	békhiga

GAUCHE/A GAUCHE	DROITE/A DROITE
IZQUIERDO/A LA IZQUIERDA	**DERECHO/A LA DERECHA**

PATIENT

1. Maladie

Je ne me sens pas bien.	**No me encuentro bien.**	nô mé énkouéntrô bién
Je suis malade.	**Estoy enfermo/ enferma.**	éstôï énférmô/ énférma
J'ai une douleur ici.	**Tengo un dolor aquí.**	téngô oun dôlôr aki
Son/Sa ... lui fait mal.	**Su...le duele.**	sou ... lé douélé
J'ai ...	**Tengo...**	téngô
de la fièvre	**fiebre**	fiébré
mal au dos	**dolor de espalda**	dôlôr dé éspalda
mal à la gorge	**garganta irritada**	gargannta irritada
maux de tête	**dolor de cabeza**	dôlôr dé kabéθa
Je suis constipé.	**Estoy estreñido.**	éstôï éstrégnidô
J'ai vomi.	**He tenido vómitos.**	é ténidô bômitôs

DOCTOR

1. Malestares y dolores

¿Qué le ocurre?	Qu'est-ce qui ne va pas?
¿Dónde tiene el dolor?	Où avez-vous mal?
¿Cuánto tiempo ha tenido usted este dolor?	Depuis combien de temps éprouvez-vous cette douleur?
¿Cuánto tiempo lleva usted sintiéndose así?	Depuis combien de temps vous sentez-vous ainsi?
Súbase la manga.	Relevez votre manche.
Desvístase (hasta la cintura), por favor.	Déshabillez-vous (jusqu'à la taille), je vous prie.
Quítese los pantalones y los calzoncillos.	Enlevez votre pantalon et votre slip, s.v.p.

MEDECIN

PATIENT

Je me sens faible.	**Me siento débil.**	mé siéntô débil
La tête me tourne.	**Me da vueltas la cabeza.**	mé da bouéltas la kabéθa
J'ai ...	**Tengo...**	téngô
des frissons	**escalofríos**	éskalofríos
des nausées	**náuseas**	naousséas
J'ai/Il/Elle a ...	**Tengo/El tiene/ Ella tiene...**	téngô/él tiéné/ élya tiéné
abcès	**un flemón**	oun flémôn
asthme	**asma**	asma
constipation	**estreñimiento**	éstrégnimiéntô
coqueluche	**tos ferina**	tôs férina
coup de soleil	**quemaduras del sol**	kémadouras dél sôl
crampes	**calambres**	kalammbrés
diarrhée	**diarrea**	diarréa
fièvre	**fiebre**	fiébré
furoncle	**un furúnculo**	oun fourounkoulô
grippe	**gripe**	gripé

DOCTOR

Echese ahí, por favor. — Etendez-vous ici, s.v.p.

Abra usted la boca. — Ouvrez la bouche.

Respire hondo. — Respirez profondément.

Tosa usted, por favor. — Toussez, s.v.p.

Le tomaré la temperatura. — Je vais prendre votre température.

Voy a tomarle la presión sanguínea. — Je vais prendre votre tension.

¿Es la primera vez que tiene esto? — Est-ce la première fois que vous en souffrez?

Le pondré una inyección. — Je vais vous faire une piqûre.

Quiero una muestra de su orina (sus heces). — Je voudrais un prélèvement de votre urine (de vos selles).

PATIENT

hémorroïdes	**hemorroides**	émôrrôidés
hernie	**hernia**	érnia
indigestion	**una indigestión**	ouna inndikhéstiôn
inflammation de ...	**una inflamación de...**	ouna innflamaθiôn dé
insolation	**una insolación**	ouna innsôlaθiôn
nausées matinales	**vómitos por la mañana**	bômitôs pôr la magnana
refroidissement	**un enfriamiento**	oun énfriamiéntô
rhumatisme	**reumatismo**	réoumatismô
rhume	**un constipado**	oun kônstipadô
rhume des foins	**fiebre del heno**	fiébré dél énô
torticolis	**tortícolis**	tôrtikôlis
ulcère	**una úlcera**	ouna oulθéra
J'espère que ce n'est pas grave.	**Espero que no sea nada serio.**	éspérô ké nô séa nada sériô
Je voudrais que vous me prescriviez un médicament.	**Me gustaría que me recetara alguna medicina.**	mé goustaria ké mé réθétara algouna médiθina

---

DOCTOR

No es nada como para preocuparse.

Ce n'est rien, ne vous inquiétez pas.

Debe quedarse en cama durante...días.

Il vous faut garder le lit pendant ... jours.

Usted tiene...

Vous avez ...

apendicitis
artritis
gripe
pneumonía
un resfriado

une appendicite
de l'arthrite
la grippe
une pneumonie
un refroidissement

Usted está agotado. Necesita un descanso.

Vous êtes surmené. Vous avez besoin de repos.

Quiero que vaya usted al hospital para un reconocimiento general.

Il faut vous rendre à l'hôpital pour un examen complet.

Le recetaré un antibiótico.

Je vais vous prescrire un antibiotique.

MEDECIN

PATIENT

Je suis diabétique.	**Soy diabético.**	sôi diabétikô
Je suis cardiaque.	**Sufro algo del corazón.**	soufrô algô dél kôraθôn
J'ai eu une crise cardiaque en ...	**Tuve un ataque al corazón en...**	toubé oun ataké al kôraθôn én
Je suis allergique à ...	**Soy alérgico a ...**	sôi alérkhikô a
Voici mon médicament habituel.	**Esta es la medicina que tomo normalmente.**	ésta és la médiθina ké tômô nôrmalménté
J'ai besoin de ce médicament.	**Necesito esta medicina.**	néθéssitô ésta médiθina
Je suis enceinte.	**Estoy esperando un bebé.**	éstôi éspéranndô oun bébé
Puis-je voyager ?	**¿Puedo viajar?**	pouédô biakhar

MEDECIN

DOCTOR

¿Qué dosis de insulina está usted tomando?	Quelle dose d'insuline prenez-vous ?
¿En inyección u oral?	En injection ou par voie orale ?
¿Qué tratamiento ha estado siguiendo?	Quel traitement avez-vous suivi ?
Usted ha tenido un (ligero) ataque al corazón.	Vous avez eu une (légère) crise cardiaque.
No utilizamos... en España. Esto es muy parecido.	Nous n'avons pas ... en Espagne. Ceci est analogue.
¿Cuándo espera el niño?	Quand l'enfant doit-il naître ?
Usted no puede viajar sino hasta...	Vous ne pouvez pas voyager avant ...

PATIENT

2. Blessures

Pouvez-vous exa-miner ce/cette ... ?	¿Podría examinar ... ?	pôdria éksaminar
ampoule	esta ampolla	ésta ammpôlya
blessure	esta herida	ésta érida
bosse	este bulto	ésté boultô
brûlure	esta quemadura	ésta kémadoura
contusion	este cardenal	ésté kardénal
coupure	esta cortadura	ésta kôrtadoura
écorchure	este arañazo	ésté aragnaθô
enflure	este hinchazón	ésté inntchaθôn
éruption	este sarpullido	ésté sarpoulyidô
furoncle	este furúnculo	ésté fourounkoulô
piqûre	esta picadura	ésta pikadoura
piqûre d'insecte	esta picadura de insecto	ésta pikadoura dé innséktô
Je ne peux pas bouger le/la ... Cela me fait mal.	No puedo mover el/la ... Me duele.	nô pouédô môbér él/la ... mé douélé

DOCTOR

2. Heridas

(No) está infectado.	C'est (Ce n'est pas) infecté.
Tiene una vértebra desgastada.	Vous vous êtes déplacé une vertèbre.
Quiero que le hagan una radiografía.	Je voudrais que vous vous fassiez radiographier.
Está ...	C'est ...
roto/torcido dislocado/desgarrado	cassé/foulé déboîté/déchiré
Se ha distensionado un músculo.	Vous vous êtes froissé un muscle.
No es nada serio.	Ce n'est pas grave.
Quiero que venga a verme dentro de ... días.	Revenez me voir dans ... jours.

MEDECIN

PATIENT

3. Tension nerveuse

Je suis nerveux.	**Estoy muy nervioso.**	éstôï moui nérbiôssô
Je me sens déprimé.	**Me siento deprimido.**	mé siéntô déprimidô
Je voudrais un somnifère.	**Quiero un somnífero.**	kiérô oun sômniférô
Je n'ai pas d'appétit/J'ai des insomnies.	**No puedo comer/ No puedo dormir.**	nô pouédô kômér/ nô pouédô dôrmir
J'ai des cauchemars.	**Tengo pesadillas.**	téngô péssadilyas
Pouvez-vous me prescrire un …?	**¿Puede recetarme un …?**	pouédé rééétarmé oun
antidépressif tranquillisant	**anti-depresivo tranquilizante**	annti-dépréssibô trannkiliθannté

DOCTOR

3. Tensión nerviosa

Usted sufre de tensión nerviosa.	Vous souffrez de tension nerveuse.
Usted necesita un descanso.	Vous avez besoin de repos.
¿Qué píldoras ha estado tomando?	Quels comprimés avez-vous pris jusqu'à maintenant?
¿Cuántas diarias?	Combien par jour?
¿Cuánto tiempo lleva usted sintiéndose así?	Depuis combien de temps vous sentez-vous ainsi?
Le recetaré unas píldoras.	Je vais vous prescrire des comprimés.
Le daré un sedante.	Je vais vous donner un calmant.

PATIENT

Ordonnances et posologie

Quelle sorte de médicament est-ce?	¿Qué clase de medicina es ésta?	ké klassé dé médiθina és ésta
Combien de fois par jour dois-je le prendre?	¿Cuántas veces al día debo tomarla?	kouanntas béθés al dia débô tômarla

Honoraires

Combien vous dois-je?	¿Qué le debo?	ké lé débô
Faut-il vous payer maintenant ou m'enverrez-vous la facture?	¿Le pago ahora o me va usted a mandar la cuenta?	lé pagô aôra ô mé ba oustéd a manndar la kouénta
Merci pour tout, docteur.	Muchas gracias por todo, doctor.	moutchas graθias pôr tôdô, dôktôr

---

DOCTOR

Recetas y dosis

Tome ... píldoras con un vaso de agua ...	Prenez ... pilules avec un verre d'eau ...
... veces al día	... fois par jour
antes de cada comida	avant chaque repas
después de cada comida	après chaque repas
por las mañanas	le matin
por la noche	le soir

Honorarios

Son ... pesetas, por favor.	Cela fait ... pesetas, s.v.p.
Págueme ahora, por favor.	Veuillez me payer maintenant, s.v.p.
Le mandaré la cuenta.	Je vous enverrai la facture.

POUR LES NOMBRES, voir page 176

Dentiste

Pouvez-vous me recommander un bon dentiste?	¿Puede recomendarme un buen dentista?	pouédé rékômendarmé oun bouén déntista
Puis-je prendre un rendez-vous (urgent) chez le Dr ...	¿Puedo pedir cita (urgente) para ver al doctor...?	pouédô pédir θita (ourkhénté) para bér al dôktôr
Peut-il me voir plus tôt?	¿No sería posible antes?	nô séria pôssiblé anntés
J'ai mal aux dents.	Tengo dolor de muelas.	téngô dôlôr dé mouélas
J'ai un abcès.	Tengo un flemón.	téngô oun flémôn
Cette dent me fait mal.	Me duele este diente.	mé douélé ésté diénté
en haut	arriba	arriba
en bas	abajo	abakhô
devant	delante	délannté
derrière	detrás	détras
Pouvez-vous me donner des soins provisoires?	¿Puede usted arreglarlo temporalmente?	pouédé oustéd arréglarlô témpôralménté
Je ne veux pas que vous me l'arrachiez.	No quiero que me la saque.	nô kiérô ké mé la saké
J'ai perdu un plombage.	He perdido un empaste.	é pérdidô oun émpasté
Les gencives sont très irritées.	Las encías están muy inflamadas.	las énθias éstann moui innflamadas
Les gencives saignent.	Las encías sangran.	las énθias sanngrann

Dentiers

J'ai cassé mon dentier.	Se me ha roto la dentadura.	sé mé a rôtô la déntadoura
Pouvez-vous me réparer ce dentier?	¿Puede usted arreglar esta dentadura?	pouédé oustéd arréglar ésta déntadoura
Quand sera-t-il prêt?	¿Cuándo estará hecha?	kouanndô éstara étcha

Opticien

J'ai cassé mes lunettes.	**Se me han roto las gafas.**	sé mé ann rôtô las gafas
Pouvez-vous me les réparer?	**¿Me las puede usted arreglar?**	mé las pouédé oustéd arréglar
Quand seront-elles prêtes?	**¿Cuándo estarán listas?**	kouanndô éstarann listas
Pouvez-vous changer les verres?	**¿Puede cambiar los lentes?**	pouédé kammbiar lôs léntés
Je voudrais des verres teintés.	**Quiero cristales ahumados.**	kiérô kristalés aoumadôs
Je voudrais des verres de contact.	**Quiero lentes de contacto.**	kiérô léntés dé kôntaktô
Je voudrais acheter des jumelles.	**Quisiera comprar unos binoculares.**	kissiéra kômprar ounôs binôkoularés
Je voudrais acheter des lunettes de soleil.	**Quisiera comprar unas gafas para el sol.**	kissiéra kômprar ounas gafas para él sôl
Combien vous dois-je?	**¿Cuánto le debo?**	kouanntô lé débô
Faut-il vous payer maintenant ou m'enverrez-vous la facture?	**¿Le pago ahora o me manda una factura?**	lé pagô aôra ô mé mannda ouna faktoura

POUR LES NOMBRES, voir page 176

FRANCE
Andorra
La Coruña
Gijón
Oviedo
Santander
Bilbao
San Sebastián
Vitoria
Pamplona
Vigo
León
Burgos
Ebro
Valladolid
Duero
Zaragoza
Barcelona
Tarragona
Salamanca
PORTUGAL
Avila
MADRID
Tajo
Toledo
Menorca
Mahón
Mallorca
Palma
Ibiza
Ibiza
Valencia
Guadiana
Lisbonne
Albacete
Alicante
Elche
Murcia
Córdoba
Guadalquivir
MER MÉDITERRANÉE
Huelva
Sevilla
Cartagena
Granada
Málaga
Almería
Jerez de la Frontera
Cádiz
Alger
OCÉAN ATLANTIQUE
Gibraltar
Tanger
ALGÉRIE
Oran

Renseignements divers

D'où venez-vous?

Cette page vous aidera à expliquer d'où vous venez, où vous êtes allé et où vous comptez vous rendre.

Afrique	**Africa**	afrika
Amérique du Nord	**América del Norte**	amérika dél nôrté
Amérique du Sud	**América del Sur**	amérika dél sour
Asie	**Asia**	assia
Australie	**Australia**	aoustralia
Europe	**Europa**	éourôpa
Angleterre	**Inglaterra**	innglatérra
Argentine	**Argentina**	arkhéntina
Belgique	**Bélgica**	bélkhika
Bolivie	**Bolivia**	bôlibia
Brésil	**Brasil**	brassil
Canada	**Canadá**	kanada
Chili	**Chile**	tchilé
Chine	**China**	tchina
Colombie	**Colombia**	kôlômbia
Cuba	**Cuba**	kouba
Espagne	**España**	éspagna
Etats-Unis	**Estados Unidos**	éstadôs ounidôs
France	**Francia**	frannθia
Grèce	**Grecia**	gréθia
Guatemala	**Guatemala**	gouatémala
Inde	**India**	inndia
Italie	**Italia**	italia
Japon	**Japón**	khapôn
Mexique	**Méjico**	mékhikô
Pérou	**Perú**	pérou
Philippines	**Filipinas**	filipinas
Portugal	**Portugal**	pôrtougal
RDA	**Alemania del Este**	alémania dél ésté
RFA	**Alemania del Oeste**	alémania dél ôésté
Scandinavie	**Escandinavia**	éskanndinabia
Suède	**Suecia**	souéθia
Suisse	**Suiza**	souiθa
URSS	**Unión Soviética**	ouniôn sôbiétika
Uruguay	**Uruguay**	ourougouaï
Venezuela	**Venezuela**	bénéθouéla

RENSEIGNEMENTS DIVERS

Nombres

0	cero	θérô
1	uno/una	ounô/ouna
2	dos	dôs
3	tres	trés
4	cuatro	kouatrô
5	cinco	θinnkô
6	seis	séis
7	siete	siété
8	ocho	ôtchô
9	nueve	nouébé
10	diez	diéθ
11	once	ônθé
12	doce	dôθé
13	trece	tréθé
14	catorce	katôrθé
15	quince	kinnθé
16	dieciséis	diéθisséïs
17	diecisiete	diéθissiété
18	dieciocho	diéθiôtchô
19	diecinueve	diéθinouébé
20	veinte	béïnnté
21	veintiuno	béïnntiounô
22	veintidós	béïnntidôs
23	veintitrés	béïnntitrés
24	veinticuatro	béïnntikouatrô
25	veinticinco	béïnntiθinnkô
26	veintiséis	béïnntisséis
27	veintisiete	béïnntissiété
28	veintiocho	béïnntiôtchô
29	veintinueve	béïnntinouébé
30	treinta	tréïnnta
31	treinta y uno	tréïnnta i ounô
32	treinta y dos	tréïnnta i dôs
33	treinta y tres	tréïnnta i trés
40	cuarenta	kouarénta
41	cuarenta y uno	kouarénta i ounô
42	cuarenta y dos	kouarénta i dôs
43	cuarenta y tres	kouarénta i trés
50	cincuenta	θinnkouénta
51	cincuenta y uno	θinnkouénta i ounô
52	cincuenta y dos	θinnkouénta i dôs
53	cincuenta y tres	θinnkouénta i trés
60	sesenta	sséssénta
61	sesenta y uno	sséssénta i ounô

62	sesenta y dos	séssénta i dôs
63	sesenta y tres	séssénta i trés
70	setenta	séténta
71	setenta y uno	séténta i ounô
72	setenta y dos	séténta i dôs
73	setenta y tres	séténta i trés
80	ochenta	ôtchénta
81	ochenta y uno	ôtchénta i ounô
82	ochenta y dos	ôtchénta i dôs
83	ochenta y tres	ôtchénta i trés
90	noventa	nôbénta
91	noventa y uno	nôbénta i ounô
92	noventa y dos	nôbénta i dôs
93	noventa y tres	nôbénta i trés
100	cien	θién
101	ciento uno	θiéntô ounô
102	ciento dos	θiéntô dôs
103	ciento tres	θiéntô trés
110	ciento diez	θiéntô diéθ
120	ciento veinte	θiéntô béïnnté
130	ciento treinta	θiéntô tréïnnta
140	ciento cuarenta	θiéntô kouarénta
150	ciento cincuenta	θiéntô θinnkouénta
160	ciento sesenta	θiéntô séssénta
170	ciento setenta	θiéntô séténta
180	ciento ochenta	θiéntô ôtchénta
190	ciento noventa	θiéntô nobénta
200	doscientos	dosθiéntôs
300	trescientos	trésθiéntôs
400	cuatrocientos	kouatrôθiéntôs
500	quinientos	kiniéntos
600	seiscientos	séisθiéntôs
700	setecientos	sétéθiéntôs
800	ochocientos	ôtchôθiéntôs
900	novecientos	nôbéθiéntôs
1.000	mil	mil
2.000	dos mil	dôs mil
1.100	mil cien	mil θién
1.200	mil doscientos	mil dôsθiéntôs
2.000	dos mil	dôs mil
5.000	cinco mil	θinnkô mil
10.000	diez mil	dieθ mil
50.000	cincuenta mil	θinnkouénta mil
100.000	cien mil	θién mil
1.000.000	un millón	oun milyôn
1.000.000.000	mil millones	mil milyônés

premier	**primero**	priméRô
second	**segundo**	ségoundô
troisième	**tercero**	térθérô
quatrième	**cuarto**	kouartô
cinquième	**quinto**	kinntô
sixième	**sexto**	sékstô
septième	**séptimo**	séptimô
huitième	**octavo**	ôktabô
neuvième	**noveno**	nôbénô
dixième	**décimo**	déθimô
une fois	**una vez**	ouna béθ
deux fois	**dos veces**	dôs béθés
trois fois	**tres veces**	trés béθés
une moitié	**una mitad**	ouna mitad
la moitié d'un/ d'une	**la mitad de...**	la mitad dé ...
demi(e) (adj.)	**medio/media**	médiô/média
un quart	**un cuarto**	oun kouartô
un tiers	**un tercio**	oun térθiô
une paire de ...	**un par de...**	oun par dé ...
une douzaine	**una docena**	ouna dôθéna
1985	**mil novecientos ochenta y cinco**	mil nobéθiéntôs ôtchénta i θinnkô
1987	**mil novecientos ochenta y siete**	mil nobéθiéntôs ôtchénta i siété
1990	**mil novecientos noventa**	mil nobéθiéntôs nôbénta

Le temps passe

las doce y cuarto
(las dôθé i koùartô)

la una y veinte
(la ouna i béïnnté)

las dos y veinticinco
(las dôs i béïnntiθinnkô)

las tres y media
(las trés i média)

las cinco menos veinticinco
(las θinnkô ménôs béïnntiθinnkô)

las seis menos veinte
(las séïs ménôs béïnnté)

las siete menos cuarto
(las siété ménôs koùartô)

las ocho menos diez
(las ôtchô ménôs diéθ)

las nueve menos cinco
(las nouébé ménôs θinnkô)

las diez
(las diéθ)

las once y cinco
(las ônθé i θinnkô)

las doce y diez
(las dôθé i diéθ)

Remarque : Le système des douze heures est utilisé dans la conversation ; celui des vingt-quatre heures, dans les horaires.

Expressions utiles

Français	Español	Prononciation
Quelle heure est-il?	¿Qué hora es?	ké ôra és
Il est ...	Es/Son ...	és/sôn
Excusez-moi. Pouvez-vous m'indiquer l'heure?	**Perdone. ¿Puede decirme la hora?**	pérdôné/pouédé déθirmé la ôra
Je vous rencontrerai demain à ...	**Nos encontraremos mañana a las ...**	nôs énkôntrarémôs magnana a las
Veuillez excuser mon retard.	**Siento llegar tarde.**	siéntô lyégar tardé
A quelle heure ouvre ...?	**¿A qué hora abre ...?**	a ké ôra abré
A quelle heure ferme ...?	**¿A qué hora cierra ...?**	a ké ôra θiérra
Combien de temps cela durera-t-il?	**¿Cuánto dura?**	kouanntô doura
A quelle heure cela se terminera-t-il?	**¿A qué hora termina?**	a ké ôra términa
A quelle heure dois-je venir?	**¿A qué hora debo estar allí?**	a ké ôra débô éstar alyi
A quelle heure arriverez-vous?	**¿A qué hora llegará usted allí?**	a ké ôra lyégara oustéd alyi
Puis-je venir ...?	**¿Puedo venir ...?**	pouédô bénir
à 8 h./à 2.30 h.	**a las 8/a las 2 y media**	a las ôtchô/a las dôs i média
après/plus tard	**después**	déspoués
avant	**antes**	anntés
à l'heure	**a tiempo**	a tiémpô
(plus) tard	**(más) tarde**	(mas) tardé
(plus) tôt	**(más) temprano**	(mas) témpranô
midi	**mediodía**	médiôdia
minuit	**medianoche**	médianôtché
heure	**hora**	ôra
demi-heure	**media hora**	média ôra
quart d'heure	**cuarto de hora**	kouartô dé ôra
seconde	**segundo**	ségoundô

RENSEIGNEMENTS DIVERS

Les jours

Quel jour sommes-nous?	¿Qué día es hoy?	ké dia és ôi
dimanche	domingo	dôminngô
lundi	lunes	lounés
mardi	martes	martés
mercredi	miércoles	miérkôlés
jeudi	jueves	khouébés
vendredi	viernes	biérnés
samedi	sábado	sabadô
le matin	por la mañana	pôr la magnana
dans la journée	durante el día	dourannté él dia
l'après-midi	por la tarde	pôr la tardé
le soir	por la tarde	pôr la tardé
la nuit	por la noche	pôr la nôtché
avant-hier	antes de ayer	anntés dé aïer
hier	ayer	aïer
aujourd'hui	hoy	ôi
demain	mañana	magnana
la veille	el día anterior	él dia anntériôr
le lendemain	el día siguiente	él dia sighiénté
il y a 2 jours	hace dos días	aθé dôs dias
dans 3 jours	en tres días	én trés dias
la semaine dernière	la semana pasada	la sémana passada
la semaine prochaine	la semana próxima	la sémana prôksima
pendant 2 semaines	por una quincena	pôr ouna kinnθéna
anniversaire	el cumpleaños	él koumpléagnôs
fin de semaine	el fin de la semana	él fin dé la sémana
jour	el día	él dia
jour de congé	el día festivo	él dia féstibô
jour ouvrable	el día laborable	él dia labôrablé
jour de la semaine	el día de la semana	él dia dé la sémana
mois	mes	més
semaine	semana	sémana
vacances	las vacaciones	las bakaθiônés
vacances scolaires	las vacaciones del colegio	las bakaθiônés dél kôlékhiô

RENSEIGNEMENTS DIVERS

181

Mois

janvier	**enero**	énérô
février	**febrero**	fébrérô
mars	**marzo**	marθô
avril	**abril**	abril
mai	**mayo**	maiô
juin	**junio**	khouniô
juillet	**julio**	khouliô
août	**agosto**	agôstô
septembre	**septiembre**	séptiémbré
octobre	**octubre**	ôktoubré
novembre	**noviembre**	nôbiémbré
décembre	**diciembre**	diθiémbré
depuis le mois de juin	**desde junio**	désdé khouniô
pendant le mois d'août	**durante el mes de agosto**	douranté él més dé agôstô
le mois dernier	**el mes pasado**	él més passadô
le mois prochain	**el mes próximo**	él més prôksimô
le mois précédent	**el mes anterior**	él més anntériôr
le mois suivant	**el mes siguiente**	él més sighiénté
le 1er juillet	**el primero de julio**	él primérô dé khouliô
le 17 mars	**el diecisiete de marzo**	él diéθissiété dé marθô

RENSEIGNEMENTS DIVERS

Les en-têtes de lettres s'écrivent de cette manière :

Madrid, le 17 août 19..   **Madrid, 17 de agosto de 19..**
Barcelona, le 1er juillet 19..   **Barcelona, 1º de julio de 19..**

Saisons

printemps	**la primavera**	la primabéra
été	**el verano**	él béranô
automne	**el otoño**	él ôtôgnô
hiver	**el invierno**	él immbiérnô
au printemps	**en primavera**	én primabéra
pendant l'été	**durante el verano**	douranté él béranô
en automne	**en otoño**	én ôtôgnô
pendant l'hiver	**durante el invierno**	douranté él immbiérnô

Jours fériés officiels

1er janvier	**Año Nuevo**	Jour de l'An
6 janvier	**Epifanía**	Epiphanie
19 mars	**San José**	Saint-Joseph
1er mai	**Día del Trabajo**	Fête du Travail
25 juillet	**Santiago Apóstol**	Saint-Jacques
15 août	**Asunción**	Assomption
12 octobre	**Día de la Hispanidad**	Découverte de l'Amérique
1er novembre	**Todos los Santos**	Toussaint
8 décembre	**Inmaculada Concepción**	Immaculée Conception
25 décembre	**Navidad**	Noël
Fêtes mobiles:	**Viernes Santo**	Vendredi saint
	Lunes de Pascua	Lundi de Pâques
	Corpus Christi	Fête-Dieu

Ces jours fériés sont observés dans toute l'Espagne. Il s'agit là, en effet, des fêtes nationales. Mais il existe en outre de nombreuses fêtes régionales qui touchent différentes corporations. Aussi, renseignez-vous auprès de l'Office du Tourisme de l'endroit où vous séjournez.

Tout au long de l'année

Voici les températures moyennes relevées dans quelques villes espagnoles:

	Málaga	Madrid	Barcelona	Pontevedra
Janvier	13°	4°	9°	8°
Avril	16	13	14	13
Juillet	24	24	24	19
Octobre	19	14	17	14

Abréviations courantes

En espagnol, les abréviations sont moins facilement utilisées qu'en français ; en voici cependant quelques-unes que vous aurez l'occasion de rencontrer :

A.C.	año de Cristo	après Jésus-Christ
a/c	al cuidado de	aux soins de
a.C.	antes de Cristo	avant Jésus-Christ
admón	administración	administration
apdo.	apartado de correos	boîte postale
A., Avda.	Avenida	avenue
C., Cía.	Compañía	compagnie
C/	Calle	rue
cta.	cuenta	compte
cte.	corriente	courant
D.	Don	titre de courtoisie (homme)
Dª.	Doña	titre de courtoisie (femme)
f.c.	ferrocarril	chemin de fer
G.C.	Guardia Civil	garde civile
h.	hora	heure
M.I.T.	Ministerio de Información y Turismo	Ministère de l'Information et du Tourisme
N.ª S.ª	Nuestra Señora	Notre-Dame
nº., núm.	número	numéro
p.ej.	por ejemplo	par exemple
pta(s).	peseta(s)	peseta(s)
P.V.P.	precio de venta al público	prix de vente au détail
R.A.C.E.	Real Automóvil Club de España	Automobile Club Royal d'Espagne
R.C.	Real Club ...	Club Royal ...
RENFE	Red Nacional de los Ferrocarriles Españoles	Réseau national des Chemins de fer espagnols
RTVE	Radio Televisión Española	Radio et Télévision espagnoles
S., Sta.	San, Santa	Saint(e)
S.A.	Sociedad Anónima	société anonyme
Sr.	Señor	Monsieur
Sra.	Señora	Madame
Sres., Srs.	Señores	Messieurs
Srta.	Señorita	Mademoiselle
Ud., Vd.	Usted	Vous (sing.)
Uds., Vds.	Ustedes	Vous (plur.)
v.g., v.gr.	verbigracia	par exemple

RENSEIGNEMENTS DIVERS

Que signifient ces inscriptions?

Vous verrez certainement quelques-uns de ces panneaux au cours de votre voyage:

Abierto	Ouvert
Arriba	En haut
Ascensor	Ascenseur
Caballeros	Messieurs
Caja	Caisse
Caliente	Chaud
Carretera particular	Chemin privé
Cerrado	Fermé
Cuidado	Attention
Cuidado con el perro	Attention au chien
Debajo	Dessous
Empujar	Pousser
Entrada	Entrée
Frío (grifo)	Froid (robinet)
Información	Information
Libre	Libre
No molestar	Ne pas déranger
No obstruya la entrada	Ne pas obstruer l'entrée
No tocar	Ne pas toucher
Ocupado	Occupé
Peligro	Danger
Peligro de muerte	Danger de mort
Permitido fumar	Fumeurs
Pintura fresca	Peinture fraîche
Privado	Privé
...prohibido	... interdit
Prohibido arrojar basuras	Défense de jeter des ordures
Prohibido entrar	Défense d'entrer
Prohibido fumar	Non fumeurs
Prohibida la entrada a personas no autorizadas	Défense d'entrer aux personnes non autorisées
Rebajas	Soldes
Reservado	Réservé
Salida	Sortie
Salida de emergencia	Sortie de secours
Se alquila	A louer
Se vende	A vendre
Sendero para bicicletas	Réservé aux bicyclettes
Señoras	Dames
Tirar	Tirer
Toque el timbre, por favor	Sonnez, s.v.p.

RENSEIGNEMENTS DIVERS

Urgences

En cas d'urgence, il est évidemment trop tard pour chercher dans cette liste l'expression adéquate. Vous avez donc intérêt à parcourir cette petite liste à l'avance et, pour plus de sécurité, à retenir les expressions écrites en majuscules.

Allez vite chercher du secours	Busque ayuda rápido	bouské aïouda rapidô
Allez-vous-en	Váyase	baïassé
Appelez la police	Llame a la policía	lyamé a la pôliθia
Appelez un médecin	Busque un doctor	bouské oun dôktôr
Arrêtez-vous ici	Deténgase aquí	déténgassé aki
Arrêtez cet homme	Detenga a ese hombre	déténga a éssé ômbré
Arrêtez ou je crie	Deténgase o grito	déténgassé ô gritô
ATTENTION	CUIDADO	kouidadô
AU FEU	FUEGO	fouégô
AU SECOURS	SOCORRO	sôkôrrô
AU VOLEUR	AL LADRON	al ladrôn
Danger	Peligro	péligrô
Dépêchez-vous	Sea rápido	séa rapidô
Ecoutez	Escuche usted	éskouché oustéd
Ecoutez-moi	Escúcheme usted	éskoutchémé oustéd
Entrez	Entre	éntré
Etendez-vous	Acuéstese	akouéstéssé
Gaz	Gas	gas
HALTE	DETENGASE	déténgassé
J'ai perdu mon/ma/mes ...	He perdido mi ...	é pérdidô mi
Je suis malade	Estoy enfermo	éstôï énférmô
Je me suis égaré	Me he perdido	mé é pérdidô
Laissez-moi tranquille	Déjeme en paz	dékhémé én paθ
Otez vos mains de là	Guárdese sus manos	gouardéssé sous manôs
POLICE	POLICIA	pôliθia
PRUDENCE	CUIDADO	kouidadô
Regardez	Mire usted	miré oustéd
Venez ici	Venga aquí	bénga aki
Vite	Rápido	rapidô

RENSEIGNEMENTS DIVERS

POUR LES ACCIDENTS DE VOITURE, voir page 149

Numéros d'urgence

Ambulance

Service du feu

Police

Votre bloc-notes

Agence de voyages

Ambassade

Consulat

Garde d'enfant

Hôtel

Information aérienne

Restaurant

Taxi

RENSEIGNEMENTS DIVERS

RENSEIGNEMENTS DIVERS

Dépenses				
Date	Entretien	Distractions	Divers	Essence

Aide-mémoire

Numéro du passeport _____

Compte courant _____

Carte de crédit _____

Carte de sécurité sociale _____

(AVS – AI) _____

Permis de circulation _____

Marque de voiture _____

Numéro de châssis _____

Numéro d'immatriculation _____

Numéro de la police d'assurance _____

   Véhicule _____

   Vie _____

   Voyage _____

Groupe sanguin _____

_____

_____

_____

_____

_____

_____

RENSEIGNEMENTS DIVERS

Index

Abréviations	184
Achats, guide des	97
appareils électriques	104
articles de toilette	127
bijouterie	106
blanchisserie	109
bureau de tabac	110
camping (équipem.)	112
chaussures	120
droguerie	125
habillement	116
horlogerie	106
journaux	123
librairie	123
papeterie	123
pharmacie	125
photographie	129
provisions	131
souvenirs	133
teinturerie	109
Argent	25, 134
Arrivée	22
Auberge de jeunesse	29
Bagages	24
Ballet	82
Banque et change	25, 134
Boîtes de nuit	83
Camping	90
Carte de l'Espagne	174
Change	25, 134
Cinéma	80
Code d'épellation	140
Coiffeur	114
Concert	82
Corps, parties du	163
Corrida	85
Couleurs	117
Dancing	84
Dentiste	172
Directions	25, 143
Distractions	80
Douane et documents	23, 145
Excursions	65
Expressions courantes	16
Gare	66
Grammaire	7
Habillement	116
Heure	179
Hôtel	28
courrier	36
départ	37
difficultés	35
note	31
petit déjeuner	34
pourboires	1, 32
réception	29
service	33
téléphone	36
Inscriptions	185
Invitations	95
Jeux	84
Jours de la semaine	181
Jours fériés	183
Magasins (liste)	98
Maladies	165
Médecin	162
Mois	182
Musée	77
Musique	105
Nombres	176

Opéra	82	viande	50
Objets trouvés	71	vin	59
Opticien	173	Routes	146
Ordonnances	171		
		Saisons	182
Passeport	22	Services religieux	79
Pays, noms de	175	Signaux routiers	148, 160
Pique-niques	131	Sports	87
Plage	89	Stations-service	142
Points cardinaux	144		
Police	149	Tailles	119
Porteur	24	Taxi	27
Poste	137	Télégrammes	138
Premiers secours	149, 162	Téléphone	139
Présentations	93	Température	183
Prononciation, guide de	12	Théâtre	80
		Tissus	117
Réclamations	35, 57	Toilettes	192
Rencontres	93	Transports	65
Renseignements divers	175	avion	65
Repas	43	bateau	72
Restaurant	38	billets	67
addition	57	bus	73
boissons	58-63	métro	74
commande	41	taxi	27
desserts	56	train	66
entrées	44	voiture	142
fromages	54		
fruits	55	Urgences	186
gibier et volaille	51		
légumes	53	Vêtements	121
mets aux œufs	47	Visites touristiques	75
paella	48	Voiture	142
poissons et fruits de mer	48	accidents	149
potages	46	documents	145
réclamations	57	location	26
repas légers	64	panne	154
salades	46	pièces	154
sauces	52	stationnement	147
spiritueux	62	stations-service	142

Expressions indispensables

S'il vous plaît.	**Por favor.**	pôr fabôr
Merci.	**Gracias.**	graθias
Oui/Non.	**Sí/No.**	si/nô
Excusez-moi.	**Perdone.**	pérdôné
Garçon, s.v.p.	**Camarero, por favor.**	kamarérô pôr fabôr
Combien est-ce?	**¿Cuánto es?**	kouanntô és
Où sont les toilettes?	**¿Dónde están los servicios?**	dôndé éstann lôs sérbiθiôs

Toilettes	
CABALLEROS (kabalyérôs)	**SEÑORAS** (ségnôras)

Où se trouve le consulat ...?	**¿Dónde está el consulado...?**	dôndé ésta él kônsouladô
belge	**belga**	bélga
français	**francés**	frannθés
suisse	**suizo**	souiθô
Aidez-moi, s.v.p.	**Ayúdeme, por favor.**	aïoudémé pôr fabôr
Quelle heure est-il?	**¿Qué hora es?**	ké ôra és
Qu'est-ce que cela signifie? Je ne comprends pas.	**¿Qué quiere decir esto? No lo entiendo.**	ké kiéré déθir éstô. nô lô éntiéndô
Parlez-vous français?	**¿Habla usted francés?**	abla oustéd frannθés